Horst Jürgen Helle

Theorie der
Symbolischen Interaktion

Studienskripten zur Soziologie

Herausgeber:
Prof. Dr. Heinz Sahner
begründet von Prof. Dr. Erwin K. Scheuch

Die Bände „Studienskripten zur Soziologie" sind als in sich abgeschlossene Bausteine für das Grund- und Hauptstudium konzipiert. Sie umfassen sowohl Bände zu den Methoden der empirischen Sozialforschung, Darstellung der Grundlagen der Soziologie, als auch Arbeiten zu sogenannten Bindestrich-Soziologen, in denen verschiedene theoretische Ansätze, die Entwicklung eines Themas und wichtige empirische Studien und Ergebnisse dargestellt und diskutiert werden. Diese Studienskripten sind in erster Linie für Anfangssemester gedacht, sollen aber auch dem Examenskandidaten und dem Praktiker eine rasch zugängliche Informationsquelle sein.

Die Reihe wurde im Teubner Verlag gegründet und erscheint seit 2001 im Westdeutschen Verlag.

Horst Jürgen Helle

Theorie der
Symbolischen Interaktion

*Ein Beitrag zum
Verstehenden Ansatz in Soziologie
und Sozialpsychologie*

3., überarbeitete Auflage

Westdeutscher Verlag

Die Deutsche Bibliothek – CIP-Einheitsaufnahme
Ein Titeldatensatz für diese Publikation ist bei
Der Deutschen Bibliothek erhältlich

Die 1. und 2. Auflage erschien unter dem Titel „Verstehende Soziologie und
Theorie der Symbolischen Interaktion" im Teubner Verlag.
3., überarbeitete Auflage Oktober 2001

Alle Rechte vorbehalten
© Westdeutscher Verlag GmbH, Wiesbaden 2001

Lektorat: Monika Mülhausen

Der Westdeutsche Verlag ist ein Unternehmen der
Fachverlagsgruppe BertelsmannSpringer.
www.westdeutschervlg.de

Das Werk einschließlich aller seiner Teile ist urheberrechtlich
geschützt. Jede Verwertung außerhalb der engen Grenzen des
Urheberrechtsgesetzes ist ohne Zustimmung des Verlags
unzulässig und strafbar. Das gilt insbesondere für Vervielfältigungen, Übersetzungen, Mikroverfilmungen und die Einspeicherung und Verarbeitung in elektronischen Systemen.

Die Wiedergabe von Gebrauchsnamen, Handelsnamen, Warenbezeichnungen
usw. in diesem Werk berechtigt auch ohne besondere Kennzeichnung nicht zu
der Annahme, dass solche Namen im Sinne der Warenzeichen- und Markenschutz-Gesetzgebung als frei zu betrachten wären und daher von jedermann
benutzt werden dürften.

Umschlagbild: Nina Faber de.sign, Wiesbaden
Umschlaggestaltung: Horst Dieter Bürkle, Darmstadt
Druck und buchbinderische Verarbeitung: Langelüddecke, Braunschweig
Gedruckt auf säurefreiem und chlorfrei gebleichtem Papier
Printed in Germany

ISBN 3-531-13648-8

Vorwort

„Verstehende Soziologie", insbesondere in der Form des symbolischen Interaktionismus, ist in den Vereinigten Staaten ein wichtiger Ansatz in Forschung und Literatur geworden. In dieser Ausprägung wird dann die verstehende Soziologie in den verschiedenen europäischen Ländern heute zu einer bedeutsamen Richtung.

In diesem Band wird aufgezeigt, daß der aktuelle „symbolische Interaktionismus" eine Fortführung der uns vertrauteren „verstehenden Soziologie" ist. Dabei wird deren Bezug zum Neo-Kantianismus genauer herausgearbeitet als die sonst so betonte Beziehung zur Phänomenologie von Husserl und A. Schütz. Insofern ist der Band für einen deutschen Leser besonders geeignet, einen Zugang zum „symbolischen Interaktionismus" zu vermitteln, zusätzlich zu der bisher hier vorherrschenden phänomenologischen Ableitung von Berger und Luckmann.

Verstehende Soziologie, phänomenologische Soziologie und symbolischer Interaktionismus verstehen sich als Alternative zu den verschiedenen „szientistischen" Richtungen der Soziologie (oft auch mit „Positivismus" gleichgesetzt). Im Kern ist die eine Fortführung der Unterschiede im Zugang zum Wissen über Welt, wie er im Nominalismusstreit der Spätscholastik thematisiert wurde. Während die empirische Sozialforschung vorherrschend durch eine nominalistische Grundeinstellung bestimmt wird, erhebt sich gegen die damit verbundene Einengung der Erklärung in Abständen immer wieder eine essentialistische Kritik. So beruht denn auch die besondere Anziehungskraft des „symbolischen Interaktionismus" auf seiner Eignung, über soziale Sachverhalte so Auskunft zu geben, daß der Leser seine Erfahrungen wiederzuerkennen vermag.

Erwin K. Scheuch

Inhaltsverzeichnis

1. **Verstehen als Problem der Erkenntnistheorie** 7
   1.1 Platons Welt der ‚Ideen' 7
   1.2 Kants ‚reine Vernunftbegriffe' 10
   1.3 Zwischen Positivismus und Neukantianismus 11
   1.4 Verstehen als Synthese 14

2. **Grundlagen der Verstehenden Soziologie** 17
   2.1 Aufgaben soziologischer Theorie – Naturalismus oder Probabilismus? 17
   2.2 Verfahren der Theoriebildung – Reduktionistische oder emergentistische Soziologie? 21
   2.3 ‚Verstehen' als Nachvollzug des Vorgangs der Bedeutungsverleihung – Hans Freyers ‚Theorie des objektiven Geistes' und George Herbert Meads ‚Objektive Realität von Perspektiven' 28

3. **Zur Entstehung der Theorie der Symbolischen Interaktion** 41
   3.1 Pragmatismus oder Behaviorismus? 41
   3.2 Charles Horton Cooley 50
   3.3 William Isaac Thomas 55
   3.4 George Herbert Mead 64
      3.4.1 Person und Wirkung 64
      3.4.2 Self and Society 68
      3.4.3 Wahrnehmung und Handeln 72
      3.4.4 Sozialisation als Perspektivenerwerb 79
      3.4.5 Grundlagen sozialwissenschaftlicher Erkenntnisgewinnung 84

4. **Die Theorie der Symbolischen Interaktion als Verstehende Soziologie der Gegenwart** 93
   4.1 Herbert Blumer als Neukantianer 93

4.1.1 Person und Werk 93
4.1.2 Probleme der Begriffsbildung... 99
4.1.3 Naturalismus oder Neukantianismus?........................... 105
4.2 Anselm Strauss: Forschungsorientierte Theoriebildung... 113
4.2.1 Ausweitung und Verdichtung vorhandener Theorien.. 113
4.2.2 Verstehend-interaktionstheoretische Synthese
zwischen Mikro- und Makrosoziologie 123
4.3 Tamotsu Shibutani: Mitgliedschaft als Perspektive 144
4.4 „Frame Analysis" bei Erving Goffman 153
4.4.1 Lebenslauf und Forschungsprogramm.......................... 153
4.4.2 Ist Erving Goffman ein Vertreter der TSI? 160

Literaturverzeichnis.. 167

1. Verstehen als Problem der Erkenntnistheorie

1.1 Platons Welt der ‚Ideen'

Eines der Grundprobleme der Soziologie lässt sich mit einem Grundproblem menschlicher Existenz zur Deckung bringen: Wie ist Verstehen möglich? Wie können wir uns mit dem Tun anderer Menschen vertraut machen? Wie können wir verhindern, dass es uns unverständlich bleibt und darum fremd erscheint? Entscheidet sich nicht an der Frage des Verstehens in der Soziologie wie im menschlichen Alltagshandeln, ob ich im anderen Menschen meine eigene Subjektqualität wiedererkenne oder ob mir mein Gegenüber zu einem Ding gerät, zu einem mir nur nützlichen oder gar fremden Objekt?

Das Bewusstsein von der Trennung zwischen Subjekt und Objekt ist von jeher und immer wieder Ausgangspunkt für das Bemühen des Menschen um Wissenschaft. Mit der Einsicht in die Begrenztheit seines Wissens erwächst ihm das Unbehagen an der Scheidung zwischen ihm selbst als Subjekt und den ihn umgebenden Objekten. Er bemüht sich, die zunächst naiv vermutete, dann jedoch in der Erfahrung verlorene Einheit von Subjekt und Objekt „auf höherer Stufe wiederzugewinnen. Diese Einheit heißt nun Wahrheit: die Übereinstimmung des subjektiven Vorstellens und des objektiven Seins" (G. Simmel 1911: 87).

Einer der ältesten Vorschläge zur Lösung des Subjekt-Objekt-Problems wurde von Platon (428/27-348/47 v.Chr.) gemacht: Über dem um Verstehen bemühten Subjekt einerseits und dem Reich der ihm fremd entgegenstehenden Objekte andererseits nimmt Platon als drittes die Existenz einer geistigen Welt der ‚Ideen' an. Die platonischen ‚Ideen' sind sowohl dem menschlichen Denken zugänglich als auch in den Objekten der Erfahrung als deren Wesen auffindbar. Sie überbrücken daher die Kluft zwischen Subjekt und Objekt und bieten dem Menschen die Möglichkeit, aufgrund seiner Vertrautheit mit den ‚Ideen' die ihn umgebende Welt nicht nur in ihrer Fremdheit sinnlich zu erfahren, sondern auch als Erscheinung jener ‚Ideen' zu verstehen. „Die Entdeckung dieses dritten Reiches (...) ist die große metaphysische Tat Platons, die in seiner Ideenlehre eine der weltgeschichtlichen Lösungen des Subjekt-Objekt-Problems gezeigt hat" (Ebd.: 104).

Dem um Verstehen bemühten Subjekt eröffnen sich demnach zwei Bereiche: ein der Sinneserfahrung zugänglicher Bereich der Objekte und ein dem Bemühen des Geistes zugänglicher Bereich der ‚Ideen'. Platon sieht das Problem der Erkenntnisgewinnung im Bilde des Schauens mit den Augen des Körpers und den analogen Augen des Geistes. Der Dualismus ‚Körper – Geist' oder ‚Leib – Seele' wird dabei sowohl auf die Methoden der Erkenntnisgewinnung als auch auf die Inhalte der Erkenntnis bezogen. Mit den leiblichen Augen sieht man anders als mit den Augen des Geistes, und mit den Augen des Körpers sieht man auch etwas anderes als mit den Augen des Geistes.

> „Dies immer wiederkehrende Bild von den ‚Augen des Geistes' kennzeichnet etwas für Platon außerordentlich Charakteristisches. Denn sein Philosophieren ist nichts anderes als der immer neue Versuch, über die sinnliche Wahrnehmung, über das, was der trügerische Augenschein bietet, hinauszukommen zu dem, was der Geist als das Eigentliche und Wesentliche in der Welt erkennen kann" (B. Snell 1955: 214).

Ein Mensch kann mit Hilfe der Sinneserfahrung das Handeln eines anderen Menschen wahrnehmen. Er weiß auch, dass dieser andere sein eigenes Handeln in ebensolcher Weise erfahren kann. Doch wie die Beziehung zwischen den beiden Menschen sich weiterentwickelt, das hängt vor allem davon ab, ob es ihnen gelingt, einander mitzuteilen, wie sie einander erfahren. „Ich sehe dich, und du siehst mich. Ich erfahre dich, und du erfährst mich. Ich sehe dein Verhalten. Du siehst mein Verhalten. Aber ich sehe nicht deine Erfahrungen von mir, habe sie nie gesehen und werde sie nie sehen. Ebenso kannst du nicht meine Erfahrung von dir ‚sehen'" (R.D. Laing 1975: 11).

Hier ist Sehen als Leistung der Augen des Körpers gemeint. Sie allein überbrücken die Kluft zwischen Subjekt und Objekt nicht. Sie vermitteln uns nur ein Bild von den Erscheinungen, die aber ganz erst verständlich werden, wenn wir ihr Wesen erschließen. Doch dazu müssen wir mit den Augen des Geistes einen Blick in Platons Welt der ‚Ideen' tun.

Karl R. Popper weist die Ideenlehre Platons als politisch gefährlich zurück, wenn er auch Platon als einen der ersten und als den einflussreichsten Sozialwissenschaftler anerkennt: „Platons Soziologie ist eine geniale Mischung von Spekulation und genauer Beobachtung von Tatsachen" (K. Popper 1957: 64). Im Gegensatz zu den Objekten der Sinneserfahrung, die ständig im Fluss sind, sich wandeln, entstehen und vergehen, ist die Welt der platonischen Ideen unwandelbar. Alles Verstehbare müsse nach Platons Ansicht ein ewig gültiges Wesen haben. Aufgabe der Wissenschaft sei es, dieses Wesen als die ‚wahre Natur' der Objekte zu erkennen und zu beschreiben. Es gehe hierbei also um das Erfassen einer verborgenen Realität als der Essenz des Erfahrbaren. Darum bezeichnet Popper die Richtung, die die Aufgabe der Wissenschaft so versteht, als „methodologischen Essentialismus" (Ebd.: 59).

Die Gegenposition zum Essentialismus ist die des „methodologischen Nominalismus", der es gerade nicht für seine Aufgabe hält, Wesenheiten zu enthüllen, der also nicht nach der ‚wahren Natur' eines Dinges fragt, sondern sich ausdrücklich darauf konzentriert, das ‚Verhalten' eines Dinges zu beobachten und möglichst unvoreingenommen und genau zu beschreiben. Popper begrüßt die Tatsache, dass die Position des „methodologischen Nominalismus" in der Gegenwart in den Naturwissenschaften allgemein anerkannt sei.

„Auf der anderen Seite werden die Probleme der Sozialwissenschaften noch immer zum größten Teil mit essentialistischen Methoden behandelt. Dies ist meiner Meinung nach einer der Hauptgründe ihrer Rückständigkeit" (Ebd.: 61). Popper geht es aber um viel mehr als nur um eine Methodendiskussion. Er schreibt sein Buch unter dem Eindruck der politischen Ereignisse im Europa der dreißiger Jahre. In der Ideenlehre Platons sieht er eine politische Gefahr: „Die totalitäre Tendenz in Platons politischer Philosophie ist es, die ich zu analysieren und zu kritisieren versuchen werde" (Ebd.: 63).

1.2 Kants ‚reine Vernunftbegriffe'

Mehr noch als mit Platon haben sich Georg Simmel, Max Weber und andere Sozialwissenschaftler, die für die Entwicklung der Wissenschaftslehre Bedeutendes geleistet haben, mit Immanuel Kant (1724-1804) beschäftigt. In seinen „Prolegomena zu einer jeden künftigen Metaphysik, die als Wissenschaft wird auftreten können" (I. Kant 1965: 1-141), behandelt Kant die Frage, wie verstehende, über die Sinneswahrnehmung hinausgehende Erkenntnis möglich sei. Kant unterscheidet Verstand von Vernunft. Übersetzt man Platons Problem in diese Terminologie Kants, so ist der Verstand für die Auseinandersetzung mit den erfahrbaren Objekten zuständig und die Vernunft für ein Vordringen in die Welt der ‚Ideen'. Die Beschränkung wissenschaftlicher Bemühungen auf den Bereich des Erfahrbaren wurde von Platon abgelehnt, weil dort alles zu sehr im Fluss sei und von Kant, weil das Erfahrbare zu umfassend und darum unüberschaubar sei.

Wie Platon geht demnach auch Kant davon aus, dass auf spekulatives, die Erfahrung transzendierendes Denken nicht verzichtet werden kann. Und für dieses unverzichtbare Denken ist bei Kant die Vernunft zuständig: „So wie also der Verstand der Kategorien zur Erfahrung bedurfte, so enthält die Vernunft in sich den Grund zu Ideen, worunter ich notwendige Begriffe verstehe, deren Gegenstand gleichwohl in keiner Erfahrung gegeben werden kann" (Ebd.: 89). Kant unterscheidet somit als ein „wichtiges Stück zur Grundlegung einer Wissenschaft" diese beiden verschiedenen Arten von Erkenntnissen, von denen die eine keineswegs die andere ersetzen kann. „Die Unterscheidung der Ideen, d.i. der reinen Vernunftbegriffe, von den Kategorien oder reinen Verstandesbegriffen, als Erkenntnissen von ganz verschiedener Art, Ursprung und Gebrauch" (Ebd.: 90), deckt sich mit der Zweiteilung in einerseits Erkenntnisse, die in der Erfahrung überprüft werden können, und andererseits solche, die der Erfahrung unzugänglich sind:

„Alle reinen Verstandeserkenntnisse haben das an sich, dass sich ihre Begriffe in der Erfahrung geben und ihre Grundsätze durch Erfahrung bestätigen lassen; dagegen die transzendenten

Vernunfterkenntnisse sich, weder was ihre Ideen betrifft, in der Erfahrung geben, noch ihre Sätze jemals durch Erfahrung bestätigen, noch widerlegen lassen (...)" (Ebd.: 90). Wenn die Vernunfterkenntnisse, der empirischen Überprüfung unzugänglich, ihre Quellen im Inneren des denkenden Subjekts hätten, während die Verstandeserkenntnisse sich auf die Auseinandersetzung mit der Welt der Objekte beschränken müssten, wäre die Kluft zwischen Subjekt und Objekt im Ansatz Kants unüberbrückbar. Das ist jedoch nicht der Fall. Vielmehr setzt für ihn die Leistung der Vernunft erst ein als Fortsetzung von Sinneserfahrung mit anderen gedanklichen Mitteln. Die Welt der Vernunft und der Ideen bezieht sich ja nicht auf andere Inhalte, sondern die Inhalte, die sich der Sinneserfahrung stets bruchstückhaft und unsystematisch darstellen, werden vervollständigt und systematisiert.

So legt Kant das Fundament für jene soziologische Methode, die später bei Max Weber zur Konstruktion von Idealtypen führen soll: „Die reine Vernunft hat unter ihren Ideen nicht besondere Gegenstände, die über das Feld der Erfahrung hinauslägen, zur Absicht, sondern fordert nur Vollständigkeit des Verstandesgebrauchs, im Zusammenhange der Erfahrung. Diese Vollständigkeit aber kann nur eine Vollständigkeit der Prinzipien, aber nicht der Anschauungen und Gegenstände sein. Gleichwohl, um sich jene bestimmt vorzustellen, denkt sie sich solche, als die Erkenntnis eines Objekts, dessen Erkenntnis in Ansehung jener Regel vollständig bestimmt ist, welches Objekt aber nur eine Idee ist, um die Verstandeserkenntnis der Vollständigkeit, die jene Idee bezeichnet, so nahe wie möglich zu bringen" (Ebd.: 93f).

1.3 Zwischen Positivismus und Neukantianismus

Die für die wissenschaftliche Auseinandersetzung mit Kultur und Gesellschaft bedeutsame Vorarbeit Kants wurde bei der Begründung der Soziologie zu Beginn des neunzehnten Jahrhunderts nicht berücksichtigt. Auguste Comte (1798-1857) glaubte die Voraussetzung für ein erfolgreiches Wirken der Soziologie dadurch schaffen zu können, dass er sie als positivistische Wissenschaft etablierte. Angesichts der Spannungsbeziehung zwischen Wesen und

Erscheinung bedeutete dies den Verzicht darauf, das Wesen der Erkenntnisobjekte zu ergründen. Seine Strategie ist also nicht die einer Synthese oder Überbrückung des Gegensatzes, sondern die eines Verzichts auf Auflösung, und zwar durch Beschränkung der Erkenntnisbemühungen auf den Bereich des sinnlich Erfahrbaren.

Die mit der Spannung zwischen Wesen und Erscheinung einhergehende Kluft zwischen Subjekt und Objekt versucht er in ähnlicher Weise zu beseitigen: Das um Erkenntnis bemühte Subjekt erhält von Comte den methodologischen Auftrag, sich selbst gleichsam in die Welt der Objekte hinein aufzulösen, aus seinem Denken alles Subjektive zu entfernen und so sein Gehirn zu einem exakten Spiegel der äußeren Ordnung zu machen: „Alors on reconnaît directement que le plus difficile et le plus important de notre existence intellectuelle consiste à transformer le cerveau humain en un miroir exact de l'ordre extérieur" (A. Comte 1852: 382).

Gegen den Verzicht auf Verstehen, der die positivistische und an den Naturwissenschaften orientierte Ausrichtung der frühen Soziologen kennzeichnete, wendet sich eine Reihe deutscher Neoidealisten des neunzehnten Jahrhunderts. Unter den Männern, die für das Denken von Georg Simmel und Max Weber von großer Bedeutung waren, muss vor allem Wilhelm Dilthey (1833-1911) genannt werden. Dilthey weist die naturalistische Metaphysik Comtes zurück, betont die notwendige methodologische Verschiedenheit zwischen Geisteswissenschaften einerseits und Naturwissenschaften andererseits und fordert als wichtigste Methode für sozialwissenschaftliches Denken das Verstehen (W. Dilthey 1883; Vgl. auch: M. Truzzi 1974: 18f). Der Angriff Diltheys gegen den Positivismus wurde wirksam fortgeführt von seinem Schüler Eduard Spranger (1882-1963). Dilthey hatte nicht nur die Metaphysik des Positivismus, sondern auch die des Neukantianismus zurückgewiesen, weil er die Überwindung der Metaphysik in jeder Form anstrebte. Doch gerade aus dem Lager des Neukantianismus erhielt er sehr wirksame Unterstützung bei seinem Bemühen um die Methode des Verstehens.

Die südwestdeutsche oder badische Schule des Neukantianismus, der Wilhelm Windelband (1848-1915) und Heinrich Rickert (1863-1936) angehörten, arbeitete an der Wert- und Sollensproblematik und an der Neubegründung einer Theorie der Geschichts- und Geisteswissenschaften. Innerhalb der Marburger Schule des Neukantianismus ist für die Entwicklung der Sozialwissenschaften vor allem Ernst Cassirer (1874-1945) einflussreich geworden. Cassirers Arbeit bezog sich auf eine Fortentwicklung der Transzendentalphilosophie Kants und auf eine Anwendung von dessen Kritik der reinen Vernunft in den Kulturwissenschaften. Schließlich wurde der Neukantianismus bedeutsam für die Religionsphilosophie von Ernst Troeltsch (1865-1923), für die Existenzphilosophie Martin Heideggers (1889-1976) und für die Phänomenologie Edmund Husserls (1859-1938). Die Arbeiten Heideggers und Husserls nehmen die Thematik des Neukantianismus in sich auf und beenden ihn. Innerhalb der soziologischen Theorie lebt der Neukantianismus fort in den von Husserl ausgehenden Anregungen, die insbesondere Alfred Schütz (1889-1959) aufgegriffen hat, und die vermittelt durch Carl Mayer in den Arbeiten von Peter L. Berger und Thomas Luckmann fortwirken (A. Gugolz 1984).

Mitten in der geistigen Auseinandersetzung zwischen Positivismus und Neukantianismus steht in der zweiten Hälfte des neunzehnten Jahrhunderts der Philosoph und Soziologe Georg Simmel (1858-1918). Zum Kreis der Freunde Simmels, die mit ihm regelmäßigen Kontakt pflegten, gehörten Heinrich Rickert, Edmund Husserl und Max Weber. In seinem philosophischen und soziologischen Denken war Simmel nicht auf die Kant-Rezeption des Neukantianismus angewiesen. Er selbst war ein hervorragender Kenner der Werke Kants (G. Simmel 1904). So kann man Simmel als den Vermittler zwischen Kant und Max Weber betrachten: Die intensive Vertrautheit sowohl Simmels mit den Schriften Kants als auch Max Webers mit den Schriften Simmels ist in der Literatur ausreichend belegt (M. Weber 1968d; Vgl. auch: H.J. Helle 2001: 78).

„Die logisch weitaus entwickeltsten Ansätze einer Theorie des ‚Verstehens' finden sich in der zweiten Auflage von Simmels ‚Probleme der Geschichtsphilosophie' (2. Aufl. 1905, S.27-62) (...) Simmel hat zunächst das Verdienst, innerhalb des weitesten Umkreises, den der Begriff des ‚Verstehens' – wenn man ihn in Gegensatz stellt zu dem ‚Begreifen' der nicht der ‚inneren' Erfahrung gegebenen Wirklichkeit – umfassen kann, das objektive ‚Verstehen' des Sinnes einer Äußerung von einer subjektiven ‚Deutung' der Motive eines (sprechenden oder handelnden) Menschen klar geschieden zu haben" (M. Weber 1968d: 92f).

Hier wird sowohl unterschieden zwischen ‚Verstehen' und ‚Begreifen' als auch innerhalb des Bedeutungsumfangs ‚Verstehen' zwischen ‚Sinnverstehen' und ‚Deutung'. Die Klärung dieser Begriffe und ihrer Inhalte ist wichtig, weil in neuerer Zeit die Tendenz erkennbar wurde, durch Rückübersetzung aus englischsprachigen Veröffentlichungen amerikanischer Soziologen in deutscher Fachliteratur nicht mehr von ‚Verstehender Soziologie', sondern von ‚Interpretativer Soziologie' zu sprechen. Soziologen, die in englischer Sprache publizieren und sich mit ‚Verstehender Soziologie' auseinandersetzen – sei es ablehnend, sei es zustimmend – übernehmen, wie Theodore Abel (1896-1988), das Wort ‚Verstehen' als deutsches Fremdwort unübersetzt in ihren englischen Text hinein (T. Abel 1948: 211-218; P.A. Munch 1957: 26-32; M.L. Wax 1967: 323-333; C. K. Warriner 1969: 501-511; J. Coulter 1971: 301-321; M. Truzzi 1974; H.P. Becker 1950: 189ff).

1.4 Verstehen als Synthese

Wir verwenden die Bezeichnung ‚Verstehen' in der spezielleren Bedeutung von ‚Sinnverstehen' als Versuch, das alte Problem der Entzweiung zwischen Subjekt und Objekt wie auch jener zwischen Wesen und Erscheinung in methodisch befriedigender Weise zu lösen. „Die Struktur allen Verstehens ist innerlich Synthese zweier, von vornherein getrennter Elemente. Gegeben ist eine tatsächliche Erscheinung, die als solche noch nicht verstanden ist. Und dazu tritt aus dem Subjekt, dem diese Erscheinung gegeben ist, ein Zweites, entweder diesem Subjekt unmittelbar entsteigend, oder von ihm aufgenommen und verarbeitet, eben der verstehende Gedanke, der jenen zuerst gegebenen gleichsam durchdringt, ihn zu einem verstandenen macht (...)" (G. Simmel 1972: 78).

Mit dieser Aussage Simmels ist freilich noch nicht deutlich geworden, wie denn das Subjekt zu den ‚verstehenden Gedanken' gelangt. Sie haben bei Platon ihren Ort in der Welt der ‚Ideen', aus der die Seele des Menschen stammt, in der sie vor der Geburt anwesend war und an die sie sich folglich zurückerinnern können muss. So jedenfalls entwickelt Platon das Konzept der Anamnesis in seinem Dialog Phaidon.

Für Kant gibt es im Denken des Menschen im Unterschied zu dem auf der Grundlage von Erfahrung wirkenden Verstand die Instanz der Vernunft, die „in sich den Grund zu Ideen" (I. Kant 1965: 89) enthält. Sie kann sich zwar nicht – wie bei Platon die Seele – an eine mythische vorgeburtliche Seinsform zurückerinnern, aber sie wird in der Vorstellung Kants durch das Unbehagen an der Unvollkommenheit und Begrenztheit sinnlicher Erfahrung dazu angetrieben, die Erfahrung überschreitende ‚Noumena' (Ebd.: 94) aufzusuchen. Kant tut damit einen entscheidenden Schritt in Richtung auf das soziologische Konzept der ‚sozialen Definition' (Vgl. hier den Schluß des Kapitels über Anselm L. Strauss, 117ff), das später zu beschreiben sein wird. Die Gründe, die das Denken veranlassen, den gesicherten Boden der Erfahrung zu verlassen, sieht Kant so:

> „Wenn aber die Vernunft (...) mit keinem Erfahrungsgebrauche der Verstandesregeln (...) völlig befriedigt sein kann, (...) so wird der Verstand aus seinem Kreise getrieben, um teils Gegenstände der Erfahrung in einer so weit erstreckten Reihe vorzustellen, dergleichen gar keine Erfahrung fassen kann, teils sogar (um sie zu vollenden) gänzlich außerhalb derselben Noumena zu suchen, an welche jene Kette knüpfen, und dadurch von Erfahrungsbedingungen endlich einmal unabhängig, ihre Haltung gleichwohl vollständig machen könne" (I. Kant 1965: 94f).

Auf der Grundlage dieser Lehre Kants binden Georg Simmel, George Herbert Mead u.a. die nach ‚verstehenden Gedanken' (G. Simmel) suchende Individualvernunft zurück an Interaktionszusammenhänge oder, wie es bei Dilthey und Simmel heißt, an „Wechselwirkungen". Auch bei Mead kann „'Wirklichkeit, wie sie ist' (...), wie schon Simmel ausgeführt hat, nicht erfahren werden: sie ist (wie das ‚Erkenntnissubjekt' selbst) sozial ‚organisiert'. Als solche ist sie von verschiedenen Standpunkten und Interaktionszusammenhängen aus stets nur perspektivisch erfahrbar" (W. Bühl 1972: 58).

Simmel hat sich ausdrücklich auf Kant bezogen und auf das bei Kant formulierte Problem hingewiesen, dass sich ein umfassendes Bild von Natur nur aufgrund einer autonomen Leistung der Vernunft im Geist des Beobachters einstellen kann. In Analogie dazu glaubt Simmel, dass sich auch die Einheit der Gesellschaft nicht rein empirisch, sondern verstehend gedanklich konstruieren lässt. Diese gedankliche Konstruktion der sozialen Wirklichkeit ist schon bei Simmel das Ergebnis eines Interaktionsprozesses.

> „Deshalb läuft auch dasjenige, was Simmel unter dem Stichwort soziologischer ‚Apriotitäten' beschreibt, weniger auf eine Transzendentalphilosophie der Gesellschaft als auf den Grundriss einer sozialpsychologischen Handlungstheorie hinaus: Im Apriori Nr.1 etwa nimmt er eine Zentralkategorie der Meadschen Sozialpsychologie, die Formel vom ‚generalized other', voraus" (P.E. Schnabel 1976: 299).

Ehe wir bei George Herbert Mead den Faden aufgreifen, der zur Entstehung der Theorie der Symbolischen Interaktion führt, verfolgen wir gedanklich den Weg, den die kontinentaleuropäische Soziologie unter dem Eindruck der Auseinandersetzung zwischen Positivismus und Neukantianismus eingeschlagen hat.

2. Grundlagen der Verstehenden Soziologie

2.1 Aufgaben soziologischer Theorie – Naturalismus oder Probabilismus?

Um den Typ der Soziologie, den man seit Max Weber als ‚Verstehende Soziologie' (VS) bezeichnet (M. Weber: 1968b), in die bunte Vielfalt soziologischer Theorien einzuordnen, könnten wir verschiedene Kriterien miteinander vergleichen, die zur Beurteilung von Theorie in wechselnder Kombination herangezogen werden: Wissenschaftliche Theorie allgemein und soziologische Theorie insbesondere wird z.b. bewertet nach dem Anspruch, sie solle wahr, falsifizierbar, begrifflich klar, wirklichkeitsadäquat, anwendbar, wertfrei oder politisch-parteilich sein. Selbstverständlich erhebt diese Aufzählung von Kriterien keinen Anspruch auf Vollständigkeit. Wir wollen jedoch diese ungeordnete Vielfalt hier auf sich beruhen lassen und statt ihrer eine Gegenüberstellung zweier Alternativen bearbeiten: Die verschiedenen Theorieverständnisse gruppieren sich um zwei Positionen mit jeweils anders gerichteter Aufgabenstellung. Im einen Fall will soziologische Theorie nur ‚Erklären', im anderen soll sie auch ‚Verstehen' ermöglichen.

Emile Durkheim (1858-1917) formuliert Regeln soziologischer Theoriebildung, mit deren Hilfe er kausales Erklären anstrebt. Dazu setzt er die Prämissen, dass

a) den Soziologen soziale Tatsachen zu erkennen aufgegeben sind, die unabhängig davon existieren, welche Eindrücke der Forscher sich von ihnen verschafft,

b) diese sozialen Tatsachen insofern ‚Dingcharakter' haben, als sie dem Wollen des handelnden Individuums Widerstand entgegensetzen, ihm also ausdrücklich als ‚Objekte' begegnen,

c) folglich in Bezug auf das zu Erkennende sowohl der Beobachter als Subjekt (nach a)) als auch der Beobachtete als menschliches ‚Objekt' (nach b)) ohne Einfluss bleiben und

d) das zu erkennende Phänomen eines der allgemeinen Bedürfnisse des sozialen ‚Organismus' erfüllt (als der die Gesellschaft gesehen wird) und insofern eine Funktion hat (N.J. Smelser, 1976: 40, 49, 57).

Durkheim ist Positivist, wenn er glaubt, dass soziale Tatsachen unabhängig von dem erfahrenden und erkennenden Subjekt bestehen und dass sich Einflüsse des forschenden Bewusstseins auf seinen Gegenstand ausschalten bzw. ohne Schaden ignorieren ließen. Diese Vorstellung von der Beziehung zwischen Forscher und Gegenstand hat die Folge, dass eine Haltung des Verstehens nicht nur nicht wünschenswert, sondern auch sinnlos und überflüssig ist, und zwar um so mehr, als auch die den sozialen Tatsachen unterworfenen Individuen ex definitione auf solche Tatsachen ohne Einfluss bleiben, die ja dem Willen des einzelnen Widerstand leisten. Während so das Ziel des Verstehens nicht in den Blick kommt, tritt die Aufgabe des Erklärens ins Zentrum der Theoriebildung: Abfolgen von Ursache und Wirkung müssen aufgezeigt werden, damit das eine studierte Phänomen als von einem anderen veranlasst erklärbar wird.

Das theoretische Vorgehen muss für Durkheim als Kausalanalyse angelegt sein, um zu Erklärungen zu führen. Durkheim begründet so den soziologischen Funktionalismus, indem er Kollektivbedürfnisse – z.B. das der mechanischen Solidarität – als Ursachen setzt und dann über die arbeitsteilige Befriedigung solcher Bedürfnisse den sozialen Phänomenen – z.B. dem vergeltenden Recht – ihre Funktion zuweist: Das Bedürfnis nach Solidarität ist Ursache dafür, dass die Funktion ‚Vergeltung gegenüber Abweichlern' mit dem Recht verknüpft wird. Die Existenz vergeltenden Rechts wird so kausal erklärbar.

Max Weber (1864-1920), obgleich Befürworter des Verstehens als Aufgabe soziologischer Theorie, weist die Bemühungen um ein Erklären keineswegs zurück. Nur reicht das Erklären nicht aus, es ist Mittel des Erkenntnisprozesses, nicht sein Ziel. Wenn der Soziologe „in Regeln ausgedrückte adäquate ursächliche Zusammenhänge" (M. Weber 1968a: 179) formuliert, ganz gleich ob er sie dann als ‚Gesetz' bezeichnet oder nicht, hält Max Weber ihm vor, „dass eine ‚objektive' Behandlung der Kulturvorgänge in dem Sinne, dass als idealer Zweck der wissenschaftlichen Arbeit die

Reduktion des Empirischen auf ‚Gesetze' zu gelten hätte, sinnlos ist. Sie ist dies nicht etwa, wie oft behauptet worden ist, deshalb, weil die Kulturvorgänge oder etwa die geistigen Vorgänge ‚objektiv' weniger gesetzlich abliefen", (als Naturvorgänge, d. V.), „sondern weil 1) Erkenntnis von sozialen Gesetzen keine Erkenntnis des sozial Wirklichen ist, sondern nur eins von den verschiedenen Hilfsmitteln, die unser Denken zu diesem Behufe braucht, und weil 2) keine Erkenntnis von Kulturvorgängen anders denkbar ist, als auf der Grundlage der Bedeutung, welche die stets individuell geartete Wirklichkeit des Lebens in bestimmten einzelnen Beziehungen für uns hat. In welchem Sinn und in welchen Beziehungen dies der Fall ist, enthüllt uns aber kein Gesetz, denn das entscheidet sich nach den Wertideen, unter denen wir die ‚Kultur' jeweils im einzelnen Fall betrachten. ‚Kultur' ist ein vom Standpunkt des Menschen aus mit Sinn und Bedeutung bedachter endlicher Ausschnitt aus der sinnlosen Unendlichkeit des Weltgeschehens" (Ebd.: 180).

Vom Positivismus Durkheims – mit dem sich übrigens Max Weber gar nicht explizit auseinandergesetzt hat – zur VS führt die ausdrückliche Berücksichtigung der Bedeutung, die das untersuchte Phänomen für uns, d.h. für die Beobachter, hat. Welchen Sinn wir ihm zuschreiben, „entscheidet sich nach den Wertideen, unter denen wir die ‚Kultur' (...) betrachten". Der Beobachter, den Durkheim als unbeteiligt passiven Registrator gleichsam wie eine Tonfilmkamera sah, wird bei Max Weber zu einem aktiv verstehenden Subjekt.

Doch auch das beobachtete Subjekt belässt Max Weber nicht in der von Durkheim unterstellten Passivität. Diese Differenz hängt mit Unterschieden in der Akzentsetzung bei der Aufgabenstellung zusammen: Während Durkheim alle psychologischen Fragestellungen mit äußerster Striktheit aus der Soziologie verbannen will, sieht es Weber als Aufgabe der VS an, auch solche innerindividuellen Vorgänge zu studieren: „Denn als ihr spezifisches Objekt gilt uns nicht jede beliebige Art von ‚innerer Lage' oder äußerem Sichverhalten, sondern: Handeln. ‚Handeln' aber (mit Einschluss des gewollten Unterlassens und Duldens) heißt stets ein verständliches, und das heißt ein durch irgendeinen, sei es auch mehr oder minder unbemerkt, ‚gehabten' oder ‚gemeinten' (subjektiven) Sinn spezifiziertes Sichverhalten zu Objekten" (M. Weber 1968b: 429).

Der Handelnde also, den es nicht nur zu beobachten, sondern auch zu verstehen gilt, ist nicht wie bei Durkheim passiv und einflusslos den sozialen Tatsachen ausgesetzt, die seinem Wollen widerstehen, vielmehr konstituiert er bei Max Weber aktiv den Erkenntnisgegenstand, indem er handelt. Diesen Vorgang der Bedeutungsverleihung hat der Soziologe als Beobachter aktiv nachzuvollziehen, um verstehend deuten zu können (N.J. Smelser 1976: 49).

Wie soll demnach die Frage nach den Aufgaben soziologischer Theorie beantwortet werden? Soll die Theorie primär danach beurteilt werden, ob sie die soziale Wirklichkeit erklären hilft? Dann muss es Ziel der Theorie sein, die Wirklichkeit in einer Reihe aufeinander bezogener Sätze so abzubilden, dass die Kenntnis der Theorie die Kenntnis der Wirklichkeit einschließt. Der Theorie ist zuzustimmen, wenn sich ihre Wahrheit darin erweist, dass die aufgezeigten Regelmäßigkeiten und kausalen Verknüpfungen von Ursachen und ihren Wirkungen das wiedergeben, was die Wirklichkeit unausweichlich kennzeichnet. Oder soll die Theorie primär danach beurteilt werden, in welchem Maße sie die soziale Wirklichkeit zu verstehen hilft? Dann rückt die Theorie in die Stellung eines Instrumentariums ein, mit dessen Hilfe sich der Soziologe Potentiale der Wirklichkeit zugänglich macht, mit dem er also Möglichkeiten aufzeigt, die in der Wirklichkeit vorkommen können, von denen aber das Verwirklichte mehr oder weniger weit entfernt liegt. Die Kenntnis der Theorie ist im Kontext des Erklärens dem Blick in einen Spiegel vergleichbar, der seine Aufgabe erfüllt, wenn er die Wirklichkeit möglichst klar und ohne Verzerrung wiedergibt. Im Kontext des Verstehens entspricht die Kenntnis der Theorie der Sicherheit im Umgang mit sinnstiftenden Wertbeziehungen, vergleichbar dem Blick durch ein Fernglas.

Diese Gegenüberstellung ergibt sich auch aus der Frage nach dem Verhältnis zwischen Theorie und Wirklichkeit (A.C. Zijderveld 1975: 200; M. Weber 1968c: 475). Die Aufgabenstellung einer naturgetreuen Abbildung der Wirklichkeit stellt der Naturalismus der Theorie. Die Idealtypen Max Webers, die ausdrücklich nicht Widerspiegelungen von empirisch vorfindbarer Wirklichkeit sein wollen, geben dem Soziologen Maßstäbe an die Hand, denen die Wirklichkeit mit einer gewissen Wahrscheinlichkeit in größerer oder geringerer Annäherung entspricht. Im Neukantianismus Max Webers wird das Verhältnis zwischen Theorie und Wirklichkeit nicht naturalistisch, sondern probabilistisch gesehen. Das hat Konsequenzen für das Verfahren der Theoriebildung.

2.2 Verfahren der Theoriebildung – Reduktionistische oder emergentistische Soziologie ?

Der Probabilismus in der VS Max Webers wird sichtbar an der Häufigkeit, mit der er bei der Bildung seiner Konzepte das Wort ‚Chance' verwendet. So ist für Max Weber z.B. Herrschaft „die ‚Chance', Gehorsam für einen bestimmten Befehl zu finden" (M. Weber 1968c: 475). Die im Probabilismus berücksichtigte Vielschichtigkeit der Wirklichkeit sieht Max Weber nicht gewahrt, falls es bei der Theoriebildung zur „Reduktion des Empirischen auf ‚Gesetze'" (M. Weber 1968a: 180) kommt. Reduktion ist das Zurückführen schwer überschaubarer Zusammenhänge auf ein tatsächlich oder vermeintlich einfaches Erklärungsmodell, das aber zumeist an nicht sozialwissenschaftlichen Gegenständen gewonnen wurde. Die frühe Soziologie bietet Beispiele für reduktionistische Erklärungsweisen in großer Zahl: Comte hatte für seine Soziologie ursprünglich den Titel „Physique Sociale" vorgesehen, Schäffle schrieb „Bau und Leben des sozialen Körpers" (A. Comte 1842). So wurden Physik und Biologie Vorbilder der Soziologie.

Bei Comte dienen außerdem die Gesetze der Mechanik als Erklärungsmodell für die Gesellschaft. Dies rechtfertigt er mit dem Programm des Positivismus, « la connaissance générale de l'ordre humain et de l'ordre universel » (Ebd.: 379) voranzutreiben. Eine menschliche Ordnung vermisst er in der nachrevolutionären Gesellschaft Frankreichs, aber die Ordnung des Universums sieht er aufgrund der Erkenntnisse der Naturwissenschaften als erwiesen an. Deshalb fordert er die Unterordnung der menschlichen Ordnung unter die des Universums. Da für ihn die Ordnung der Natur Vorbild für eine von ihm erhoffte Ordnung der Gesellschaft ist, kann auch die Theorie der Natur Vorbild für eine Theorie der Gesellschaft sein. Dieser Reduktionismus hat die naturwissenschaftlich orientierte Soziologie nachhaltig geprägt. Albert Schäffle, Paul von Lilienfeld und andere haben außer der Mechanik die Physiologie herangezogen, Herbert Spencer die Biologie usw. Zeugen dieses Verfahrens der Theoriebildung sind Begriffe wie Dynamik, Kohäsion, mechanisch, organisch, Funktion und System.

Anton Zijderveld hat darauf hingewiesen, dass die reduktionistische Unterordnung der sozialen Wirklichkeit unter die Ordnung der Natur nicht etwa nur ein Merkmal vergangener Frühphasen soziologischer Theoriebildung, sondern Kennzeichen einer (nicht nur in den USA) weiterhin sehr einflussreichen Theorierichtung ist (A.C. Zijderveld 1975: 17ff). Anscheinend angetrieben durch das Minderwertigkeitserlebnis, im Vergleich zu den Naturwissenschaften keine wirklich ‚exakte' Wissenschaft (science) zu sein, hat sich die Soziologie in den USA jahrzehntelang dem fast unbestrittenen Einfluss des Neopositivisten George A. Lundberg unterworfen (Ebd.: 19). Die Lehre Comtes von der Beziehung zwischen Natur und Gesellschaft werde, so Zijderveld, unverändert tradiert:

„So wie die Natur Gleichförmigkeit zeige, sei auch die soziale Wirklichkeit nach Regelmäßigkeiten geordnet. Die Soziologie sei mit Hilfe vernünftig konstruierter Forschungstechniken in der Lage, diese Gleichförmigkeiten zu entdecken und in Gesetze zu fassen. Diese Gesetzmäßigkeiten werden nicht als eine analytische Gesetzmäßigkeit gesehen, die durch den wissenschaftlichen Begriffsapparat und durch die Methoden der Wirklichkeit aufgeprägt werden – so wie das bei Max Weber und in seiner Nachfolge im Prinzip auch bei Talcott Parsons der Fall ist –, sondern sie werden gesehen als eine der sozialen Wirklichkeit innewohnende Ordnung. Der Behaviorist B. F. Skinner erklärt, warum an einer derartig hypostasierten Gesetzmäßigkeit festgehalten werden muss: Es muss angenommen werden, dass die soziale Wirklichkeit gleichförmig ist, denn sonst stimmen die quantitativen Methoden nicht mehr! Mit entwaffnender Ehrlichkeit sagt Skinner: 'But order is not only a possible end product; it is a working assumption which must be adopted at the very start (...) If we are to use the methods of science in the field of human affairs, we must assume that behavior is lawful and determined (...)'" (Ebd.: 21).

Wenn wir umgekehrt nicht annehmen, dass die soziale Wirklichkeit von Gesetzen bestimmt und determiniert ist, können wir nicht die Methoden der Naturwissenschaften auf soziologische Theoriebildung übertragen, können also keinen naturwissenschaftlichen Reduktionismus betreiben.

Walter L. Bühl gesteht den „beiden großen Erklärungsstrategien des ‚Reduktionismus' und des ‚Emergentismus'" zu, dass sie „im allgemeinen wohl als gleich legitim angesehen werden müssen" (W. Bühl 1972: 10). Voraussetzung ist für Bühl nur, dass „auf beiden Seiten das instrumentelle Bewusstsein erhalten bleibt und eine Wissenschaftsstrategie nicht zur Weltanschauung vergegenständlicht wird" (Ebd.). Da Bühl an anderer Stelle betont, „dass die Welt nur sehr partiell sinnvoll geordnet ist, d.h. der Zufall, die nicht-menschliche Natur, die gesellschaftlichen Naturwüchsigkeiten und schlicht das Unvermögen der Menschen die Welt regieren" (Ebd.: 13), steht jedenfalls fest, dass er den positivistischen Glauben Skinners an eine rational geordnete soziale Wirklichkeit nicht teilt. Sein Hinweis auf die Notwendigkeit der Erhaltung des „instrumentellen Bewusstseins" gesteht wohl jenem „Reduktionismus" seine Legitimität zu, der in heuristischer Absicht Denkmodelle entwirft, sie also nicht naturalistisch als Abbilder der sozialen Wirklichkeit, sondern probabilistisch als Instrumente (oder Ferngläser) der Erkenntnisgewinnung einsetzt.

Hinzu kommt noch der zum Glück häufige Fall, dass eine naturalistisch reduktionistisch gebildete Theorie den unannehmbaren Voraussetzungen ihrer Entstehung zum Trotz heuristisch fruchtbar wird. Als Beispiel dafür bringt Max Weber den Hinweis, „dass natürlich alle spezifisch-marxistischen ‚Gesetze' und Entwicklungskonstruktionen – soweit sie theoretisch fehlerfrei sind – idealtypischen Charakter haben. Die eminente, ja einzigartige heuristische Bedeutung dieser Idealtypen, wenn man sie zur Vergleichung der Wirklichkeit mit ihnen benutzt, und ebenso ihre Gefährlichkeit, sobald sie als empirisch geltend oder gar als reale (d.h. in Wahrheit metaphysische) ‚wirkende Kräfte', ‚Tendenzen' usw. vorgestellt werden, kennt jeder, der je mit marxistischen

Begriffen gearbeitet hat" (M. Weber 1968a: 205 und zu Simmels Kritik des Marxismus: H.J. Helle 2001: 87ff).

Thema dieses Abschnittes ist es jedoch nicht, zu zeigen, wie mit naturalistischen Aufgabenstellungen verbundene Theorien trotz ihrer Geburtsfehler nachträglich noch fruchtbar werden können, sondern wie sich Theoriebildung auf den Grundlagen der VS vollziehen kann. „Eine Verstehende Soziologie ist wissenschaftstheoretisch wohl nur im Rahmen eines reflektierten und methodologisch auch zureichend abgesicherten Emergentismus zu vertreten" (W. Bühl 1972: 11). Die emergentistische Soziologie will angesichts der Komplexität der sozialen Wirklichkeit daraus in der Theoriebildung die wesentlichen Eigenschaften hervorheben. Emergentismus kann daher in engem Zusammenhang mit der Phänomenologie gesehen werden: Aus der verwirrenden Vielfalt der Erscheinungen taucht das Wesentliche in seinen Umrissen auf, ‚it emerges'.

Die Verbindungslinien, die von der Phänomenologie zur VS verlaufen, lassen sich nicht nur mit dem Hinweis auf die Kette der Namen Edmund Husserl, Alfred Schütz, Carl Mayer, Peter Berger und Thomas Luckmann, sondern auch inhaltlich unmittelbar sichtbar machen. Als wissenschaftstheoretische Position innerhalb der Soziologie behält die Phänomenologie das im Positivismus formulierte Ziel bei, das jeweils Gegebene so unvoreingenommen, so genau und so vollständig wie möglich beschreiben zu wollen. Dazu soll nicht der oberflächliche Schein registriert, sondern der Wesensgehalt, die Wesensstruktur der Dinge ermittelt werden. In der Phänomenologie wird unterstellt, dass sich die Wesenheiten, die hinter den Erscheinungen verborgen liegen, durch einen besonderen Erkenntnisakt erschließen lassen, zwar nicht durch rein sinnliche Anschauung, aber durch die Anwendung eines Verfahrens, das sich ‚Wesensschau' nennt.

Um nicht das Verfahren der Wesensschau den unkontrollierbaren Vorlieben jedes einzelnen Forschers auszuliefern, muss man es an die Handhabung eines heuristischen Instrumentariums koppeln, dessen Entwicklung Aufgabe der emergentistischen Theoriebildung in der Soziologie ist. Max Weber begründet seine idealtypische Begriffsbildung mit der Notwendigkeit, die diffus vorhandenen Einzelerscheinungen zu einem einheitlichen Gedankengebilde zusammezufügen. Sein Idealtyp kann als phänomenologisch begründetes und emergentistisch konstruiertes Instrument der VS betrachtet werden.

Von Anbeginn stellt sich bei einer emergentistischen Theoriebildung die Frage, wie das Wesentliche und Bedeutsame vom Unwichtigen unterschieden werden soll. Heinrich Rickert hatte vor Max Weber das Prinzip der ‚Wertbeziehung' genannt: „Wo diese Beziehung fehlt, da sind die Ereignisse eben ‚unwichtig', ‚bedeutungslos', ‚langweilig', ohne Sinn, den wir verstehen, und dann gehören sie nicht in die geschichtliche Darstellung hinein, während es für die Naturwissenschaft Unwesentliches in diesem Sinne nicht gibt. Es wird also durch das Prinzip der ‚Wertbeziehung' nur etwas ausdrücklich formuliert, das jeder implicite behauptet, wenn er sagt, dass der Historiker verstehen müsse, das ‚Wichtige' vom ‚Bedeutungslosen' zu scheiden" (H. Rickert 1927: 85).

Max Weber hat diese Aussage Rickerts dem Sinn nach übernommen (M. Weber 1968d: 50; W. Bühl 1972: 36ff). Da Kultur ohne Berücksichtigung der sie konstituierenden Wertbeziehungen nicht wissenschaftlich bearbeitet werden kann, geht Weber von einer Scheidung zwischen Naturwissenschaft und Kulturwissenschaft aus und erklärt für letztere die Notwendigkeit einer Theoriebildung, „welche den Wissenschaften von der menschlichen Kultur eigentümlich und in gewissem Umfang unentbehrlich ist" (M. Weber 1968a: 190).

Für die Schaffung des Idealtyps galt Weber die abstrakte Wirtschaftstheorie als Vorbild. Sie „vereinigt bestimmte Beziehungen und Vorgänge des historischen Lebens zu einem in sich widerspruchslosen Kosmos gedachter Zusammenhänge. Inhaltlich trägt diese Konstruktion den Charakter einer Utopie an sich, die durch gedankliche Steigerung bestimmter Elemente der Wirklichkeit gewonnen ist" (Ebd.).

Der so geschaffene Idealtyp dient der Veranschaulichung und Verständlichmachung empirischer Vorgänge. Weber will den Idealtyp selbst nicht als Hypothese gewertet wissen, doch er sieht eine seiner Aufgaben darin, „der Hypothesenbildung die Richtung (zu) weisen" (Ebd.). Eigentlich erübrigt sich der Hinweis, dass der Idealtyp „in seiner begrifflichen Reinheit (...) nirgends in der Wirklichkeit empirisch vorfindbar" ist (Ebd.: 191). Er dient als Maßstab für die Beurteilung der Wirklichkeit: durch den Vergleich der Empirie mit dem Idealtyp können unterschiedliche Maße der Übereinstimmung festgehalten werden. Dadurch bietet sich für den Forscher die Möglichkeit zum Vergleich, sei es verschiedener Epochen, sei es verschiedener Gesellschaften. Als Beispiel für einen besonders anspruchsvollen Idealtyp nennt Weber die „'Idee' der kapitalistischen Kultur" (Ebd.: 192).

Max Weber sieht selbstverständlich, dass er bei allen lichtvollen Aussagen darüber, was ein Idealtyp ist und wie er zur Anwendung kommen soll, wenig Klarheit darüber schafft, wie er gebildet werden muss. Am Beispiel der ‚Idee' der kapitalistischen Kultur zeigt er, „dass mehrere, ja sicherlich sehr zahlreiche Utopien dieser Art sich entwerfen lassen, von denen keine der anderen gleicht (...)" (Ebd.). Dann führt er uns zu der Aussage Rickerts zurück, dass es eben von der jeweiligen Wertidee abhängt, welche Phänomene uns als Kulturerscheinungen interessieren, und „so lassen sich die allerverschiedensten Prinzipien der Auswahl der in einen Idealtypus einer bestimmten Kultur aufzunehmenden Zusammenhänge zur Anwendung bringen" (Ebd.). Der Leser, der von Max Weber lernen möchte, wie man Idealtypen konstruiert, sucht nach konkreten Anleitungen. Max Weber schreibt, dass wir idealtypische Begriffe „unter Verwendung der Kategorie der objektiven Möglichkeit konstruieren, die unsere, an der Wirklichkeit orientierte und geschulte Phantasie als adäquat beurteilt" (Ebd.: 194). Auch dieser Hinweis führt den Suchenden nur zu seiner eigenen Phantasie zurück, über die er erfährt, dass sie an der Wirklichkeit orientiert und geschult sein soll. Konkreteres bietet Max Weber nicht und will er offenbar nicht bieten.

Die Kritik, die den Wert seiner Soziologie an der Komplexität und Stabilität ihres theoretischen Systems bemessen will, antizipiert er: Der Idealtyp als theoretisches Konzept ist nicht Ziel, er ist Mittel, Werkzeug der Erkenntnisgewinnung. „Das Verhältnis von

Begriff und Begriffenem in den Kulturwissenschaften bringt die Vergänglichkeit jeder solchen Synthese mit sich" (Ebd.: 207). Da sich der Gegenstand der Wissenschaft wandelt, und da die Theorie jeweils dem Gegenstand adäquat sein soll, ist eine unwandelbare Theorie nicht denkbar. Deshalb wendet Weber sich auch gegen die Meinung, „es sei das Endziel, der Zweck, jeder Wissenschaft, ihren Stoff in einem System von Begriffen zu ordnen, deren Inhalt durch Beobachtung empirischer Regelmäßigkeiten, Hypothesenbildung und Verifikation derselben zu gewinnen und langsam zu vervollkommnen sei, bis irgendwann eine ‚vollendete' und deshalb deduktive Wissenschaft daraus entstanden sei" (Ebd.: 208). Diese Vorstellung sei „der antik-scholastischen Erkenntnislehre" (Ebd.). verpflichtet, nach der die Begriffe der Theorie Abbilder der Wirklichkeit sein sollen. In der ständigen Befürchtung, die Wirklichkeit noch nicht voll ‚begriffen' zu haben, sei aus dieser Sicht eine unscharfe Begriffsbildung angebracht. Max Weber jedoch entschließt sich ausdrücklich zu scharfen Begriffen, zu präzise greifenden Werkzeugen der Erkenntnis, die man allerdings wie ein Fernglas aus der Hand legt, sobald sie ihre Aufgabe erfüllt haben.

Durkheim selbst, den wir im ersten Abschnitt als Repräsentanten des Naturalismus zitiert hatten, weicht Neil J. Smelser zufolge von seiner entschieden vorgetragenen Forderung nach Passivität des Beobachters und des Beobachteten ab. In der berühmten Studie über die Arbeitsteilung (E. Durkheim 1967) vergleicht Durkheim zwei als Gedankengebilde konstruierte Typen von Gesellschaft miteinander.

„He also stressed the need to select decisive or crucial facts as the basis of classification (...) Durkheim moved significantly in the direction of Weber's formulation of the role of the investigator, and (...) in the direction of Weber's view of the nature and purpose of classification" (N.J. Smelser 1976: 53). Hier zeichnet sich eine methodische Konvergenz der großen Klassiker der Soziologie, Durkheim und Max Weber, ab.

Dennoch bleibt die Frage offen, wie das Verfahren der Theoriebildung auf der Grundlage der VS detaillierter beschrieben werden kann. Reichen die Weberschen Idealtypen als Instrumentarium aus? Lässt sich mit rational konstruierten Idealtypen irrationales Handeln verstehen? Walter L. Bühl meint, Max Weber sei seinem „verzweifelten Glauben an die Rationalisierbarkeit der Welt" (W. Bühl 1972: 41, zur Bedeutung des Irrationalen im Werk Max Webers: M. Albrow 1991) gefolgt und habe daher den Versuch machen können, auch noch das Irrationale in der Form von Wertalternativen ins Bewusstsein zu heben. Anton Zijderveld gesteht den rational konstruierten Typen zu, dass sich irrationale und subjektiv einzigartige Sinnerfahrungen als Abweichungen von solchen Typen verständlich machen lassen (A.C. Zijderveld 1975: 208).

2.3 ‚Verstehen' als Nachvollzug des Vorgangs der Bedeutungsverleihung – Hans Freyers ‚Theorie des objektiven Geistes' und George Herbert Meads ‚Objektive Realität von Perspektiven'

Zwei Gelehrte, deren Arbeiten für die Soziologie sehr bedeutsam geworden sind, haben zwischen den beiden Weltkriegen die Frage behandelt, wie mit Methoden des Verstehens die Akte der Objektivation, aus denen Subjekt und Objekt in ihrer sinnhaften Identität hervorgegangen sind, nachvollzogen werden können. Von Hans Freyer (1887-1969) erschien das Buch „Theorie des objektiven Geistes" (H. Freyer 1928), und George Herbert Mead (1863-1931) hielt im September 1926 auf dem Internationalen Philosophenkongress in den USA sein Referat „The Objective Reality of Perspectives" (G.H. Mead 1927). Obwohl beide nicht ausdrücklich aufeinander Bezug genommen haben, lassen sich doch einige ihrer Aussagen gegenüberstellen und miteinander vergleichen. Freyer und Mead untersuchen sowohl in philosophischer Allgemeinheit die Möglichkeiten objektiver Erkenntnis überhaupt – und ihre Vorstellungen dazu sollen uns zunächst beschäftigen – als auch dann speziell die Probleme im Zusammenhang mit dem ‚Verstehen' in den Sozialwissenschaften.

Als Hegelianer nimmt Hans Freyer die Existenz eines objektiven Geistes an. In der Vielfalt dessen, was den nach Erkenntnis suchenden Menschen umgibt, sind unverständliche und „geistfremde" Zusammenhänge in fast unentwirrbarer Vermischung mit „Objektivationen des Geistes" zugleich gegeben. „Denn was umfängt uns doch, uns Kulturmenschen als unsere Welt? Nicht ‚Natur', nicht ein eigengesetzlicher und geistfremder Zusammenhang wildwachsender Kräfte, sondern ein dichtes Gewirr aus diesen und aus den Objektivationen des Geistes" (H. Freyer 1928: 16). Den Zugang zu den Objektivationen erhofft sich Freyer auf dem Wege über eine Deutung von Zeichen. Dabei beunruhigt ihn nicht die Frage, wie denn das Zeichen zu seiner Bedeutung kommt: es hat sie eben. „Es hat sie unabhängig vom Verstandenwerden, im gleichen Sinn, in dem die rückwärtige Mondhälfte, die nie jemand sieht, wirklich ist und in dem ein mathematisches Gesetz, das noch nicht entdeckt ist, dennoch bereits in der Zahlenwelt gilt" (Ebd.: 18).

George Herbert Mead setzt sich kritisch mit solchem Neorealismus auseinander, für den alle Bedeutung in der Umwelt des erkennenden Individuums liegt, und zwar unabhängig davon, wie es sich zu dieser Umwelt einstellt. Es mag immerhin eine rückwärtige Mondhälfte geben, doch hat sie eben für Mead keine Bedeutung, bis – was weder Freyer noch Mead in ihre Überlegungen einbezogen haben – gerade dort die Landung einer Mondfähre geplant wird. Solange etwas keine Bedeutung hat, ist es auch nicht verstehbar, wiewohl es eine unverständliche und sinnlose Existenz führen mag. Für Mead ist das wahrgenommene Objekt gleich der Summe der Aktionen des Individuums, die sich auf das Objekt richten oder richten könnten. Das Objekt wird wahrgenommen als Verkörperung und Vergegenständlichung möglicher zukünftiger Handlungen, und die Bedeutung des Objekts muss gerade in diesen vorgestellten zukünftigen Handlungen gesehen werden. Bedeutung ist also, kurz gesagt, Handeln durch Raum-Zeit hindurch. Der Sinn der Objekte ist identisch mit ihrem Handlungspotential. Das gilt sowohl für vorgefundene als auch für vorgestellte Objekte, es gilt für die Gegenstände der physischen Wirklichkeit ebenso wie für die Produkte menschlicher Phantasie (H. Schwartz 1924: 28).

Mead fragt, wo jene ‚images', die die Phantasie des Menschen hervorbringt, ihren Ort haben. So sicher es sie als komprimierte Sinngehalte gibt, so sicher sind sie nicht im Raum angesiedelt, obwohl sie wiederum in die Struktur der Dinge Eingang finden können, z.B. auf der Druckseite eines Buches. Vorstellungsinhalte, die zunächst nur im menschlichen Bewusstsein unmittelbar existieren, können also in die Struktur der physischen Wirklichkeit eingehen und als ‚Bedeutung' Bestandteil eines Kulturobjekts werden. Aus dieser Sicht hebt sich für Mead der unfruchtbare Dualismus zwischen Geist und Materie auf. Der Ort der Wahrnehmung ist nicht einfach das Ding dort, wie im Realismus, noch ist der Ort der Wahrnehmung das Bewusstsein im Gehirn des einzelnen, wie in der Sicht des Idealismus (G.H. Mead 1927: 75). Wahrnehmung geschieht vielmehr innerhalb von Handlung als Interaktion. Handeln erzeugt eine lebendige Beziehung zwischen dem Dasein da draußen und dem Bewusstsein im erkennenden Individuum. Wahrgenommen wird nicht ein Objekt, das jenseits des Wahrnehmenden irgendwo in der Welt der Sachen eine isolierte Existenz führt, sondern Inhalt der Wahrnehmung ist die Gestalt der lebendigen Beziehung, der Wechselwirkung zwischen Organismus und physischer Natur (H. Schwartz 1924: 31ff).

Dem kann Hans Freyer sich nicht anschließen. Für ihn hat das Zeichen seine Bedeutung unabhängig vom Verstandenwerden, und als ob er sich ausdrücklich auf Mead beziehen wollte, schreibt Freyer: „Genau wie diese realen und idealen Sachverhalte, so bestehen jene Sinngehalte keineswegs in den Akten, in denen sie seelisch realisiert werden, sondern transzendieren sie und werden in ihnen nur vollzogen" (H. Freyer 1928: 18). Bevor Freyer sich speziellen Problemen soziologischen Verstehens zuwendet, stellt er der Autonomie und der Eigengesetzlichkeit des Geistigen als der einen bedeutsamen Größe den Gegenpol der Beziehung zwischen Selbst und gegenständlicher Welt gegenüber, also jene Thematik, die Mead vor allem interessiert.

„Mitten in dem unaufhörlichen Wechsel der seelischen Vorgänge bleibt eines konstant: das Korrelatverhältnis des Selbst und der gegenständlichen Welt. Die eine gegenständliche Welt, die für alle da ist, die vor mir war und nach mir sein wird, steht als Begrenzung, als Richtpunkt, als Gegenstück meinem Selbst gegenüber" (Ebd.: 22).

Der die Individuen verbindende objektive Effekt der gegenständlichen Welt beruht darauf, dass sie für alle da ist. Sie ermöglicht – wie bei Alfred Schütz – räumliches und zeitliches Koexistieren, schafft nicht nur intersubjektive Bindungen, sondern auch historische Kontinuität, da sie die Lebenszeit des Individuums transzendiert. Wenn aber das erkennende Individuum der gegenständlichen Welt gegenübertritt in der Absicht, deutend zu verstehen, muss es vordem wissen, welche Beziehungen zwischen den in Erscheinung tretenden Äußerungen und dem dadurch allein zugänglich werdenden „Seelentum" bestehen.

„Der Lebensvorgang, der zwischen Erlebnis, Ausdruck und Verstehen stattfindet, ist auf seine Struktur zu analysieren. Der notwendige Zirkel, der darin liegt, dass wir jede Äußerung nur durch Unterlegung eines eigenschaftlich bestimmten Seelentums zu deuten vermögen, andererseits von diesem Seelentum nur durch die Äußerung wissen, ist ins Bewusstsein zu heben und dadurch unschädlich zu machen" (Ebd.: 8. Zur Wiederentdeckung des hermeneutischen Zirkels vgl. auch: A.V. Cicourel 1964: 37). Der Lösung dieser Aufgabe wendet sich Freyer zu, indem er die Formen der Vergegenständlichung von Bedeutung stufenweise darstellt.

Da ist zunächst das Beispiel der auf den Tisch niedersausenden Faust. Hierbei handelt es sich um die Objektivation subjektiven Geistes, um die volle psychische Realität individueller Wut, die sich in dem Faustschlag ausdrückt. Als Zeichen ist die niedersausende Faust Ausdrucksbewegung. Der Arm, der mit ausgestrecktem Zeigefinger auf den Bahnsteig deutet, von dem der gesuchte Zug abfahren soll, ist eine hinweisende Gebärde. Die Theorie des objektiven Geistes, die Hans Freyer als Zeichentheorie entfalten will, folgt der Entwicklung auf dem Wege zunehmender Distanz vom subjektiven Befinden. In der Abfolge der verschiedenen Zeichentypen wächst der Abstand zum Subjekt und damit der Grad der Objektivität. So wird es Freyer möglich, verschiedene Objektivationsstufen voneinander zu unterscheiden:

„Der vorauseilende Führer kann der nachfolgenden Schar durch Gebärden kundtun, welchen Weg sie gehen sollen. Er hat die Nachfolgenden aus dem Gesicht verloren und will nicht warten, so malt er etwa einen Pfeil auf den Weg, markiert die Bäume oder errichtet einen Wegweiser" (H. Freyer 1928: 31).

Damit hat er den eigenen Körper durch einen sinnhaltigen Gegenstand ersetzt: der Wegweiser ist objektiver Geist. Von Zeichen dieser Objektivationsstufe können Wirkungen ausgehen wie von einer Person: der Hut Geßlers steht stellvertretend für den gefürchteten Landvogt.

Die Inhalte der Nachrichten ‚dort ist der Bahnsteig' oder ‚hier entlang führt der Weg' sind wenig komplex. Wirklich problematisch wird die Methode des Verstehens ja erst, wenn der Interpretation mehr Spielraum gelassen wird als bei der Betrachtung eines Wegweisers. Hans Freyer verlässt daher die Ebene der Konfrontation des Subjekts als Selbst mit der gegenständlichen Welt der Objekte und wendet sich den verschiedenen Geistessphären zu. Die Entstehung von Objektivität erklärt er dann als das Hineinrücken eines Denkinhalts in die ihm bestimmte Geistessphäre, die von den ihr eigenen Gesetzmäßigkeiten charakterisiert ist. Es gibt z.B. fachunabhängige interdisziplinäre Gesetzmäßigkeiten, anhand derer sich entscheiden lässt, welche Denkinhalte der Wissenschaft zugerechnet werden können und welche nicht. Subjektives Denken des Individuums begibt sich nun dadurch in den Bereich objektiven Geistes, dass es sich den Gesetzmäßigkeiten einer bestimmten Denksphäre einordnet.

Solche Denksphären sind ‚Welten' mit je eigenem Objektivitätscharakter. „Als autonome, von innen her zusammengehaltene Zusammenhänge mit eigenem kategorialen Gefüge tragen sie sich gleichsam selbst, genau wie die Welt des gegenständlichen Auffassens sich selbst trägt. Sie sind den Akten, in denen sie erwachsen, emanzipiert und haben ihren Bestand unabhängig davon, ob und wie oft sie von neuen seelischen Akten wieder aufgenommen und nachrealisiert werden. Sie transzendieren den Erlebniszusammenhang, werden von ihm nur vorgefunden, sie sind aber nicht auf ihn angewiesen, analog wie der Baum vor meinem Fenster dasteht, auch wenn ich nicht hinsehe" (Ebd.: 34ff).

Als Beispiel nennt Freyer die Welt der Religiosität, die Wissenschaft und die ästhetische Sphäre. Innerhalb jeder dieser ‚Welten' besteht ein objektiver Zusammenhang rein immanenter Beziehungen, aus dem sich Sinngehalte verstehend herausheben lassen, „die nicht konkret seelischer, sondern rein gegenständlicher Natur sind" (Ebd.). Solche Sinngehalte können in einem Zeichenkomplex ausgedrückt werden.

Die Entstehung von Zeichen ist eine Sonderform des allgemeinen Objektivierungsvorgangs, in dessen Verlauf sich überpersonale Regelmäßigkeiten verfestigen. Das Besondere der Zeichenbildung muss darin gesehen werden, dass sich im Zeichen zusammen mit den überpersonalen auch individuell-personale Aussagen verfestigen. „Um diese beiden Arten von Sinngehalt, die wir in den objektiv-geistigen Gebilden immer verbunden finden, bequemer trennen zu können, differenziere ich von jetzt an die Begriffe ‚Ausdrücken' und ‚Bedeuten', ich sage, dass die Zeichenkomplexe etwas Seelisches ausdrücken, etwas objektiv Geistiges bedeuten. Die auf die Auffindung des ersten Sinngehalts gerichtete Fragestellung und Methodik nenne ich physiognomische, die auf Auffindung des zweiten gerichtete nenne ich gegenständliche Hermeneutik" (Ebd.).

Die uns zu verstehen aufgegebenen Kulturobjekte haben also stets zwei Sinngehalte mitzuteilen, meint Freyer: Der eine stellt den Ausdruck von etwas Individuellem dar, der andere gibt die Bedeutung von etwas Kollektivem, d.h. objektiv Geistigem wieder. Das ergibt sich aus dem Prozess der Objektivation, denn „die rein gegenständlichen Sinngehalte, wie sie durch die Geburt der objektiven Welten möglich geworden sind, lösen sich von den seelischen Akten ihrer Entstehung los, werden unabhängig von ihnen, und die schließlich dastehenden Zeichenkomplexe tragen nunmehr, nebeneinander gewissermaßen und trennbar durch zweierlei Richtungen des Verstehens, zwei Sinngehalte in sich; so wie der Wegweiser allerlei von seinem Verfertiger erzählte, unabhängig davon aber kategorisch bedeutet: dort geht der Weg!" (Ebd.: 44).

Je intensiver Freyer gedanklich dem Prozess der Objektivation nachgeht, desto mehr nähert sich seine Argumentation der von George Herbert Mead an. Es gibt für Freyer einerseits die Welt des seelischen Lebens als subjektive Innenwelt der Individuen, sodann gibt es andererseits die Welt der materiellen Natur als eine dem Menschen äußerliche, und schließlich gibt es drittens die Welt der Kulturobjekte, die als durch die Verschmelzung der beiden Bereiche zum objektiven Geist entstanden gedacht werden kann.

Die Verschmelzung ist nur als Handlungsergebnis denkbar, und tatsächlich gesteht Freyer das Reflektieren auf die ‚Akte' zu, die dahin geführt haben. „Ein geistiger Bedeutungsgehalt ist zur Form objektiviert, das soll uns also nunmehr heißen: er hat sich aus den Akten, in denen er gelebt wird, losgelöst, er hat eine erlebnistranszendente Existenz gewonnen, gleichgültig ob durch äußerliche Verkörperung oder in der sublimeren Form einer Regelhaftigkeit, die die aktuellen Erlebnisse in ihre Bahnen zwingt. Jede solche Form ist irgendwann einmal in seelischen Vorgängen zuerst realisiert worden; das wäre nun wirklich pure Metaphysik, sie anderswo herkommen zu lassen" (Ebd.: 53). Freyers Beispiel hierzu ist der Fasttag, den zunächst ein einzelner Mensch spontan hält, der aber dadurch, dass er zur Sitte wird, als objektive Form mit Geltungsanspruch wirkt (Vgl. dazu auch Simmels Bemerkungen zur Objektivation in der Musik, in: H.J. Helle 2001: 47f).

Hans Freyers Ansatz soll der Entwicklung einer systematischen Kulturphilosophie als Theorie der kulturellen Welt dienen. Wenn sich zeigen lässt, wie objektiv gültige Bedeutungskomplexe entstehen, dann müsste sich auch zeigen lassen, wie sie zu verstehen sind. Für George Herbert Mead ist die Gestalt der lebendigen Beziehungen zwischen Organismus und physischer Natur der Inhalt der Wahrnehmung. Für Freyer verschmelzen subjektive Innenwelt der Individuen und materielle Natur zu bedeutungsträchtigen Kulturobjekten. Annähernd der gleiche Vorgang erscheint bei Mead als Wahrnehmung, als Entschlüsselung von Bedeutung, und bei Freyer als Objektivation, als Entstehung von Bedeutung. Dass damit beide Autoren je einen der Grundpfeiler gebaut haben, über die sich die Brücke des Verstehens konstruieren lässt, zeigt sich, wenn Mead und Freyer zu den speziellen Fragen der Sozialwissenschaften Stellung nehmen.

In seinem Kongressvortrag betont Mead, dass in den Sozialwissenschaften der Akt nicht nur als sinnstiftendes, sondern auch als sinnverstehendes Handeln gesehen werden muss. Objektives und in diesem Sinne zuverlässiges und korrektes Alltagswissen ist Handlungs– und damit Existenzbedingung des Menschen. Darum werden gerade die Erfahrungen der Individuen in den Sozialwissenschaften besonders ernsthaft studiert. Bedeutungen, die irgendwo unerkannt verborgen liegen, mögen so objektiv sein, wie sie wollen, sie bleiben im Kontext einer Wissenschaft vom Handeln des Menschen irrelevant, da sie in keinen subjektiv gewussten Sinn eingehen. Bedeutungen "must be found in the experiences of these individuals if they are to exist for these sciences at all" (G.H. Mead 1927: 78). Das ist eine Prämisse, die schon Dilthey als Grundlage der Geisteswissenschaften genannt hat. Mead schreibt weiter: „In the second place, it is only in so far as the individual acts not only in his own perspective but also in the perspective of others, especially in the common perspective of a group, that a society arises, and its affairs become the object of scientific inquiry" (G.H. Mead 1927: 78).

Das sinnverstehende Handeln des Individuums schließt demnach ein, dass es die Attitüden, Einstellungen, Ansichten, Rollen anderer übernimmt und dadurch die Perspektive seiner Bezugsgruppe zu seiner eigenen macht. Der überindividuellen „social perspective" muss Objektivität zugestanden werden, und insoweit sie verstehbar ist, steigt das Individuum in sie ein und gewinnt zugleich mit der Mitgliedschaft oder der Identifikation mit der Bezugsgruppe auch die Teilhabe an deren objektiver Perspektive. „The social perspective exists in the experience of the individual in so far as it is intelligible, and it is its intelligibility that is the condition of the individual entering into the perspectives of others, especially of the group" (Ebd.).

Im Laufe der Sozialisation lernt der Mensch schon als kleines Kind, sich mit den Augen anderer zu sehen. In der Kommunikation mit seinen Mitmenschen sieht er sich als der andere, der er für sie ist. Erst nachdem er so ein ‚Anderer' geworden ist, wird er ein ‚Selbst'. Je älter er wird, desto größer wird die Zahl der ‚Anderen' als die er sich in verschiedenen sozialen Umwelten erlebt: beim Spiel als Kind, als Mitglied einer Wettkampfmannschaft im Sport oder in Großorganisationen. So lernt er allmählich, sich aus der Perspektive der Gemeinde oder Gesellschaft zu sehen, sich mit einem ‚generalisierten Anderen' zu identifizieren und aus dieser Perspektive sein ‚Selbst' zu finden. „In this situation he has become a definite self over against the social whole to which he belongs. This is the common perspective" (Ebd.: 80). Die „social perspective" dient dem Individuum also nicht nur zum Verständnis seiner kulturellen, sozialen und physischen Umwelt, sondern sie dient ihm zur Bestimmung seines ‚Selbst'!

Wenn daher der Mensch die Objektivität jener Perspektive in Frage stellt, aus der er sein ‚Selbst' bestimmt hat, so stellt er sich selbst notwendig mit in Frage. Die ‚social perspective' hört dann auf, objektiv zu sein. „What has happened (...) is that the rejected perspective fails to agree with that common perspective which the individual finds himself occupying as a member of the community of minds, which is constitutive of his self. This is not a case of the surrender to a vote of the majority, but the development of another self through its intercourse with others and hence with himself" (H. Freyer 1928: 65; G.H. Mead 1927: 82). Mead meint, dass in diesem Prozess, in dem eine ehemals objektive Perspektive gleichsam subjektiv wird, in dem ferner durch die Bildung neuer überindividueller Zusammenschlüsse neue objektive Perspektiven Gestalt gewinnen, ein Beispiel für kreativen Fortschritt gesehen werden kann.

Viel von dem, was bei der Behandlung der Beziehung zwischen Individuum und gegenständlicher Welt im Vergleich der Positionen von Mead und Freyer kontrovers war, verliert sich, wenn auch Freyer sich den sozialen Gebilden zuwendet: „Alle Formen des objektiven Geistes stammen genetisch aus menschlichem Gemeinschaftsleben, insofern haben sie alle jene soziale Situation zu ihrer Voraussetzung. Die besondere Art von Formen aber, die hier gemeint ist, ist außerdem dadurch charakterisiert, dass irgendwelche sozialen Bezüge ihren Sinngehalt bilden. Sie sind also nicht nur, wie alle übrigen Formen auch, den Bedingungen ihrer Herkunft nach, sondern sie sind außerdem ihrem Sinngehalt nach sozial" (H. Freyer 1928: 68).

Die sozialen Formen haben nach Freyer in menschlichem Gemeinschaftsleben ihren Ursprung. Das zeichnet sie nicht aus, sondern das haben sie mit allen anderen Formen des objektiven Geistes gemeinsam. Sodann haben soziale Formen eine Bedeutung, die wiederum sozial ist, und dies unterscheidet sie von den anderen Formen des objektiven Geistes. Was außerdem noch eine Besonderheit der sozialen Formen darstellt, ist der Umstand, dass sie einen geringeren Grad der Objektivität erreichen als die übrigen Formen der Kultur. Das liegt an dem Material, aus dem sie gebaut sind. Nicht Holz oder Stein, sondern lebendige Menschen sind ihr Material, „sie sind aus lebendigem Willen, aus Menschen gebaut. Sie sind nicht aufgeführt wie ein Bau – sie werden aufgeführt wie eine Musik" (Ebd.).

Über den Vergleich mit der Musik gelangt Freyer zur Kategorie des Nachschaffens. Der Abstand zwischen dem Akt der Objektivation und dem Akt des Verstehens, der zum Nachschaffen wird, schmilzt dahin. Das aktive Element tritt als Kunstfertigkeit auf: „Zu allem Verstehen, überhaupt zu allem Auffassen eines Gegenständlichen ist einer umso begabter, je fähiger er im betreffenden Gegenstandsgebiet zum Gestalten ist. Nur wer eine Leistung selber hervorzubringen vermöchte, wird sie völlig begreifen (...) So hängt es also vom Gesamtvorrat einer Seele an schöpferischen Kräften ab, welchen Umkreis von Welt sie zu begreifen fähig wäre" (Ebd.: 81).

Deutendes Verstehen als Interpretations- und Entschlüsselungsprozess lässt sich so aus Freyers Theorie der Kulturformen herleiten. Im Bereich der Soziologie sind die Formen „nicht wie eine Grammophonplatte, in deren Engramme das verstehende Leben seinen Transmissionsstift einsetzen könnte, so dass nun aufgrund automatischer Umsetzungsprozesse und jedes Mal mit absoluter Sicherheit wiedertönte, was dort eingeritzt ist. Sondern sie sind wie ein Notenblatt, in dessen Zeichen das Lied zwar vollkommen objektiviert und festgelegt ist, aber doch nur als Vorlage, die nachgeschaffen werden muss, als eine objektive Forderung, die aktive Kräfte zu ihrer Erfüllung aufruft, die ewig unerfüllt bliebe, stände ihr nicht ein mit Aktivität geladenes Leben gegenüber, und die eben deswegen aus jeder einzelnen Erfüllung irgendwie verwandelt hervorgeht" (Ebd.: 84).

Wie der Interpret in der Musik die aufgezeichneten Noten immer wieder neu „nachschaffen" muss, so muss der handelnde Mensch in seiner Konfrontation mit dem Kulturobjekt den objektiven Geist immer neu in sein lebendiges Tun hineinnehmen. Der Lösung des Problems der Entzweiung zwischen handelndem Subjekt und Kulturobjekt dient das Verstehen. Es leistet die Synthese zwischen der den Sinnen gegebenen Erscheinung und dem verstehenden Gedanken und damit die Versöhnung von Subjekt und Objekt. Die verstehenden Gedanken hält Freyer, ähnlich wie schon Platon, für vorgegeben: Das Zeichen hat seine Bedeutung unabhängig davon, ob es verstanden wird. Es ist Objektivation des Geistes, und seine Bedeutung erhält es in eben diesem Vorgang der Objektivation.

Doch Freyer modifiziert den zunächst zum Naturalismus tendierenden Ansatz durch den Hinweis, dass alle Formen des objektiven Geistes ihrer Herkunft nach sozial sind. Jene Formen des objektiven Geistes, die als Themen der Soziologie bearbeitet werden, sind außerdem ihrem Sinngehalt nach sozial. Die Kluft zwischen ihnen als Objekten und dem verstehenden Subjekt wird weniger tief sein, da sie einen geringeren Grad der Objektivität erreichen als Bauwerke oder Wegweiser; denn das Material, aus dem sie bestehen, ist der Mensch selbst, ist „lebendiger Wille". In ihnen ist erkennbar immer schon Subjektives dem Objektiven verbunden. Sie sind wie ein Notenblatt, aus dem der Verstehende aktiv und kreativ nachschaffend herausarbeiten kann, was objektiv zwar, aber nur potentiell darin enthalten ist.

Schwerpunkt der Fragestellung ist bei Freyer die Objektivation als Entstehung von Bedeutung, bei Mead ist es die Wahrnehmung als Entschlüsselung von Bedeutung. Ihren Sitz haben die Bedeutungen für Mead im Individualbewusstsein, und zwar aufgrund von Erfahrungen, die der einzelne im Handeln gemacht hat. Nun handelt aber der einzelne in der Perspektive anderer, und die soziale Perspektive, die er seinem Handeln zugrundelegt, existiert dann als Erfahrung in seinem Bewusstsein. Er setzt für sich die soziale Perspektive als objektiv und gültig und entnimmt ihr die verstehenden Gedanken sowohl zur Deutung seines Selbst als auch zur Deutung der Objekte. Da er sich aus der gleichen Perspektive sieht, aus der er auch die anderen und das andere sieht, kann er verstehen.

Die soziale Perspektive Meads steht in der Ahnenreihe hinter Platons Welt der ‚Ideen‘, Kants ‚reinen Vernunftbegriffen‘, Rikkerts Prinzip der ‚Wertbeziehung‘ und Max Webers ‚Wertideen‘. Wie bei Max Weber konstituiert der Handelnde auch bei Mead aktiv seinen Erkenntnisgegenstand. Dabei nimmt er sozial vermittelte Bedeutungsverleihungen vor, die nachzuvollziehen Aufgabe verstehender Soziologie ist. Die hier referierten Aussagen von Mead und von Freyer sind Anregung dazu, Verstehen als Nachvollzug des Vorgangs der Bedeutungsverleihung zu begreifen.

3. Zur Entstehung der Theorie der Symbolischen Interaktion

3.1 Pragmatismus oder Behaviorismus ?

Die Theorie der Symbolischen Interaktion (TSI) bezeichnet man auch als Symbolischen Interaktionismus. Ihre Entstehung ist nur vor dem Hintergrund der geistigen Situation der USA um die Jahrhundertwende und anschließend während der ersten Jahrzehnte des 20. Jahrhunderts richtig zu deuten. Ihre Grundlagen haben die frühen Vertreter der TSI dem Behaviorismus und dem Pragmatismus entnommen.

Als Arnold M. Rose, der damals an der University of Minnesota arbeitete, sein Buch „Human Behaviour and Social Process" (1962) herausgab, schrieb er eine Einleitung dazu mit dem Titel „A Systematic Summary of Symbolic Interaction Theory". Dort beginnt der Text wie folgt: „Symbolic interactionist theory, which guides many of the expositions and studies presented in this volume, had its American origin around the turn of the century in the writings of C.H. Cooley, John Dewey, J.M. Baldwin, W.I. Thomas and others. Much of the theory had an independent origin in Germany in the writings of Georg Simmel and Max Weber. Its most comprehensive formulation to date is the posthumously publishes volume by George Herbert Mead, Mind, Self and Society (1934)." (A.M. Rose 1962: 3-19)

Diese Verwendung des Begriffes „symbolic interactionist theory" von Arnold Rose war 1962 recht weit gefasst und schloss sowohl Georg Simmel als auch Max Weber ein. Rose lokalisierte die TSI daher ausdrücklich in die Nachbarschaft des Verstehenden Ansatzes. Seine Definition kann man mit dem anderen Extrem konfrontieren, das die Bedeutung des Begriffs TSI auf die Schriften von Herbert Blumer einengt.

Bevor wir uns mit diesen geistigen Quellen der TSI im einzelnen beschäftigten, soll die positivistische Ausgangslage der amerikanischen Soziologie skizziert werden, weil sich der symbolisch-interaktionistische Ansatz in kritischer Auseinandersetzung damit entwickelt hat.

Wie tief der Positivismus in der amerikanischen Soziologie verwurzelt war, hat Albion W. Small in einem Aufsatz vom Mai 1916 beschrieben (A.W. Small 1916: 721-864). Dort weist er auf den Einfluss seines Landsmannes Lester F. Ward hin (L.F. Ward 1968), der von Haus aus Museumsforscher war. Seine Tagesarbeit bestand, bevor er Soziologe wurde, darin, für seine botanischen Forschungen Daten zu sammeln, Muster mit Etiketten zu versehen und all das in dem Bewusstsein, mit großer Wahrscheinlichkeit damit rechnen zu können, dass die von ihm bearbeiteten Dinge niemals wieder irgendwer anschauen würde.

Als sich der Exbotaniker Ward in der Soziologie etabliert hatte und Professor für Soziologie an der Brown University geworden war, stritt er 1911 seinen Kollegen Small und Hays ab, Soziologen zu sein. Sobald dann die amerikanische Soziologie größeren Einfluss gewann, wurde Ward allgemein als Initiator der Soziologie in den USA anerkannt. In der Zeit, in der Ward noch Biologe war, lag sein Spezialinteresse im Bereich der paläontologischen Botanik. Er bekannte sich mit soviel Nachdruck zu Darwin, dass man ihn häufig als uneingeschränkten Materialisten missdeutete. Zutreffend war jedoch, dass Ward ein überzeugter Positivist und Bewunderer August Comtes war und dass er die positivistische Zugangsweise für die Soziologie als uneingeschränkt richtig anerkannte. An der Seite der Ward-Schüler und Comte-Bewunderer stand die Gruppe der Spencer-Jünger, die aufgrund der Spencerschen Evolutionstheorie die Ansicht vertraten, dass sich die Entwicklung der Gesellschaft einer Kontrolle durch den Menschen entzieht. Grundannahme war, die soziale Evolution werde durch die gleichen physikalischen Gesetze determiniert, die auch in der anorganischen Natur wirksam sind.

Vor diesem Hintergrund wird der Einfluss Lundbergs verständlich. Er definiert ‚science' als die erfolgreichste Technik, mit der der Mensch sich seiner Umwelt anpasst (G.A Lundberg 1964; Vgl. auch A.C. Zijderveld 1975: 19). Wissenschaft als Naturwissenschaft unter Einschluss der Soziologie ist für Lundberg eine menschliche Anpassungstechnik. Ähnlich beurteilt der Begründer der behavioristischen Psychologie John B. Watson die Sozialwissenschaften: um irgendwelche Fragen nach menschlichem Verhalten adäquat beantworten zu können, müssen wir den Menschen so studieren, wie der Chemiker eine neue organische Verbindung untersucht. Psychologisch gesehen, ist der Mensch immer noch ein reagierendes Stück nicht analysierten Protoplasmas (J.B. Watson 1919: 6; Vgl. auch A.C. Zijderveld 1975: 19).

Aus der Sicht der Neopositivisten machen sich die Sozialwissenschaften dadurch nützlich, dass sie soziale Probleme diagnostizieren, sie voraussagen und sie, soweit möglich, durch Empfehlungen an staatliche Stellen verhindern oder heilen. Eine Folge davon ist es u.a., dass zahlreiche soziologisch ausgebildete Intellektuelle von den Bürokratien des Staates und der Gesellschaft absorbiert werden. Die Chancen auf dem Arbeitsmarkt stehen und fallen folglich für den Soziologen wie für jeden anderen Wissenschaftler mit der Fähigkeit, zur Anpassung des Menschen an seine Umwelt einen greifbaren Beitrag zu leisten. Wissenschaft wird als Umweltanpassungstechnik gesehen, und da die Naturwissenschaften unter diesem Aspekt so außerordentlich erfolgreich gewesen sind, liegt nichts näher als zu fordern, dass die Sozialwissenschaften um ihrer Nützlichkeit willen die Methodologie der Naturwissenschaften reduktionistisch übernehmen und möglichst weitgehend kopieren.

Dies führt im 19. Jahrhundert dazu, dass trotz der unterschiedlichen sozialhistorischen Hintergründe, vor denen in Kontinentaleuropa und in Nordamerika die Soziologie als eigenständige Disziplin entsteht, hier wie dort die erkenntnistheoretischen Vorarbeiten Kants zunächst unberücksichtigt bleiben und die Soziologie als rein positivistische Wissenschaft begründet wird. Die Auseinandersetzung mit der materiellen Umwelt spielt in dem Pionierbewusstsein der Amerikaner gegen Ende des vorigen Jahrhunderts eine wichtige Rolle, und Aufgabe der Soziologie wird es zunächst, die tatsächlichen Erscheinungen zu erfassen und Kausalverkettungen zwischen ihnen aufzuzeigen, also zu erklären. Auf ein Verstehen, in dem sich der Sinn der Erkenntnisobjekte erschließen lässt, wird zugunsten der Suche nach Gesetzmäßigkeiten bewusst verzichtet.

Aber in Nordamerika wie in Europa regt sich bald, von der Philosophie ausgehend, Kritik am positivistischen Programm der Soziologie. Eine der geistigen Quellen, aus denen die TSI gespeist wird, ist der philosophische Pragmatismus, der mit den drei amerikanischen Philosophen Charles Sanders Peirce (1839-1914), William James (1842-1910) und John Dewey (1859-1952) verbunden ist. Peirce, zunächst Astronom und Physiker, war später als Dozent für Logik in Baltimore tätig, begründete unter dem Einfluss der Arbeiten Kants den Pragmatismus und schuf wichtige Grundlagen der Handlungstheorie. George Herbert Mead kannte die Schriften von William James; außerdem arbeitete Mead eng mit John Dewey zusammen. Der philosophische Pragmatismus, der Peirce, James und Dewey miteinander verband und den Mead in seinen ‚Social Behaviorism' übernahm, stellte den Versuch dar, die Vorstellungen vom Menschen und von der Stellung des Menschen in der Welt neu zu formulieren und dabei auch das Subjekt-Objekt-Problem zu berücksichtigen und möglichst zu lösen.

Der Pragmatismus passte zum Pionierethos der Nordamerikaner, die im 19. Jahrhundert die ‚frontier' schrittweise bis an die Pazifikküste vorschoben. In seinem Kern besagt er dies: Wahrheit liegt in jenem Denken, das mir zu erfolgreichem Handeln verhilft, oder englisch knapp: the truth is what works. Dieser pragmatische Wahrheitsbegriff ermöglichte erst die Ablösung von dem Glauben, dass Wahrheit sich durch Addition zahlloser Einzeleinsichten akkumulieren und in einem enzyklopädischen Lexikon von 10, 20 oder 30 Bänden endgültig festhalten ließe. Jene Akkumulationshoffnung ist übrigens wie der Positivismus insgesamt einer mittelalterlichen Anschauung verpflichtet geblieben, nach der sich eine gleichförmige und geordnete Wirklichkeit deshalb erkennen lässt, weil Gott die Welt auf begreifbare Weise lenkt. Gott erscheint hier in der Rolle des ‚supreme mathematician' (H.J. Helle 1989; Vgl. auch A.C. Zijderveld 1975: 22). Er regiert mit absoluter Rationalität, in den Naturgesetzen wird sein Wille dem Menschen sichtbar und nichts von dem, was richtig über die von ihm geschaffene Wirklichkeit erkannt wird, kann hinfällig oder belanglos werden. Ein Steinchen fügt sich aufs andere, bis die rationale Weltordnung in einer rationalen Theorie abgebildet ist. Dieser Verbindung von Rationalismus und Positivismus entspricht die Position von Durkheim und vielen anderen, ohne dass dabei die gläubige Vorstellung von einem die Welt lenkenden Gott noch eine Rolle spielte.

Der Pragmatismus sieht die Wahrheit gerade nicht so! Aber auch seine Vertreter können sich auf eine christlich-religiöse Quelle berufen: auf das Bibelwort „An ihren Früchten sollt ihr sie erkennen!" Die Wahrheit erkennt man im Pragmatismus daran, dass sie im Handeln des Menschen fruchtbar wird (H.J. Helle 1991a: 6). Da die Situationen sich wandeln, in denen gehandelt werden muss, kann Durkheim über den Wahrheitsbegriff des Pragmatismus schreiben: „La vérité d'aujourd'hui est l'erreur de demain (...) La vérité est donc chose vivante, qui se transforme sans cesse » (E. Durkheim 1955: 31; Vgl. auch A.C. Zijderveld 1975: 51). Mit dieser Bemerkung will er freilich die völlige Unbrauchbarkeit eines solchen Verständnisses von Wahrheit demonstrieren. Er weist den Pragmatismus zurück, weil er ihn für eine Gefahr hält, und zwar tut er das als Positivist, als Rationalist und als Franzose: „C'est tout l'esprit francais qui devrait etre transformé si cette forme des l'irrationalisme que représente le Pragmatisme devrait etre admise" (E. Durkheim 1955: 28; Vgl. auch H.J. Helle 1991a: 8).

Unabhängig von den Bedenken Durkheims ist dies die Einsicht der Anhänger des Pragmatismus: Solange Kultur und Gesellschaft sich fortentwickeln, ist die Wahrheit unseres Denkens darüber stets vorläufig und revisionsbedürftig. Da die Wahrheit sich im Handeln als Instrument bewähren muss, muss auch im Handeln neue Wahrheit sich ergeben können. Sie hat ihren Ursprung in William James' „stream of consciousness" (W. James 1910: 225f, 239; Vgl. auch A.C. Zijderveld 1975: 53), im lebendigen Prozess des individuellen Bewusstseins, der subjektives Erfahren von vorgefundener Wirklichkeit ermöglicht, und aus dem durch das Handeln des Individuums im Leben selbst neue Wirklichkeit entsteht. Man muss also deutlich sehen, dass es sich dabei nicht mehr, wie in der traditionellen Philosophie überwiegend, um die Wahrheit als Inhalt des Denkens von Wissenschaftlern dreht, sondern um so etwas wie eine "Alltagswahrheit", mit der wir alle, Wissenschaftler oder nicht, in der täglichen Routine umgehen, Entscheidungen treffen und Handlungen vollziehen müssen.

Die Bezeichnung Pragmatismus für eine solche Lehre von prinzipiell ungesicherten Alltagswahrheiten hat William James zuerst in einem Vortrag vom 26. August 1898 (M.H. Fisch 1986: 283; Vgl. auch W. James 1902) und danach in mehreren Veröffentlichungen Charles Sanders Peirce zugeschrieben, der selbst nie für sich in Anspruch genommen hat, Erfinder des modernen Pragmatismus zu sein. Aber schon einige Jahre vorher, in seiner Vorlesung „The Will to Believe" setzt James sich mit dem Problem ungewissen, hypothetischen Wissens auseinander (W. James 1923: 3).

Wie fruchtlos oder aber weiterführend eine Hypothese ist, kann daran abgelesen werden, ob derjenige, der sie formuliert, bereit ist, auf einer so ungesicherten Grundlage zu handeln. James greift in der Philosophiegeschichte auf Blaise Pascal (1623-1662) zurück und zitiert dessen Bemerkungen über die Wette. Wer sein Glück oder gar sein Leben verwettet, gibt dadurch zu erkennen, dass die Inhalte seines hypothetischen Denkens für ihn Wahrheit sind.

Das Anliegen des Pragmatismus, in schwierigen Entscheidungslagen annähernd gesichertes Denken als Ausgangspunkt für das Handeln zu gewinnen, sah schon Kant sehr klar. Er hatte die praktischen Notwendigkeiten des handelnden Menschen vor Augen, der im Alltag oft nicht umhinkommt, auf der Basis ungesicherten Fürwahrhaltens Handlungsentscheidungen zu treffen. Kant nennt den Fall des Arztes, der aufgrund einer hypothetischen Diagnose therapiert. Diesem Beispiel des „pragmatischen Glauben(s)" stellt er den „doktrinalen Glauben" (I. Kant, zitiert bei v. Molnár 1988: 45f) (z.B. Lehre vom Dasein Gottes) gegenüber. Und wegen der außerordentlichen, praktischen Bedeutung dieser Formen des Fürwahrhaltens, die sich als Glaube ergeben, führt auch Kant als

Maß der Zuverlässigkeit, wie vor ihm Pascal, die Wette ausdrücklich ein:

> „Der gewöhnliche Probierstein: ob etwas bloße Überredung, oder wenigstens subjektive Überzeugung, d.i. festes Glauben sei, was jemand behauptet, ist das Wetten. Öfters spricht jemand seine Sätze mit so zuversichtlichem und unlenkbarem Trotz aus, dass er alle Besorgnis des Irrtums gänzlich abgelegt zu haben scheint. Eine Wette macht ihn stutzig. Bisweilen zeigt sich, dass er zwar Überredung genug, die auf einen Dukaten an Wert geschätzt werden kann, aber nicht auf zehn, besitze. Denn den ersten wagt er noch wohl, aber bei zehnen wird er allererst inne, was er vorher nicht bemerkte, dass es nämlich doch wohl möglich sei, er habe sich geirrt" (Ebd.: 46).

Kant empfiehlt geradezu die Wette als Instrument der Disziplinierung im Umgang mit „pragmatischem Glauben" im Alltag, und es liest sich wie eine Einbeziehung „doktrinalen Glaubens", wenn er weiterschreibt: „Wenn man sich in Gedanken vorstellt, man solle worauf das Glück des ganzen Lebens verwetten, so schwindet unser triumphierendes Urteil gar sehr, wir werden überaus schüchtern und entdecken so allererst, dass unser Glaube so weit nicht zulange" (Ebd.).

Trotz der fraglos großen Wirkung Kants auf Teile soziologischer Theoriebildung sind doch seine Überlegungen zum pragmatischen Glauben und zur Wette kaum bekannt. Géza von Molnár hat nachgewiesen, dass Goethe durch die Lektüre dieser Passagen bei Kant dazu angeregt wurde, in seinem ‚Faust' zwischen dem um Erkenntnis ringenden Helden und Mephisto nicht einen Pakt, sondern eine Wette abschließen zu lassen! (Ebd.)

Auch Georg Simmel galt vor dem Ersten Weltkrieg bei einigen seiner Anhänger als Vertreter des Pragmatismus. Vor allem Wilhelm Jerusalem, der William James' Buch „Pragmatism" 1907 in deutscher Übersetzung herausbrachte und demnach diese Denkrichtung sehr genau kannte und schätzte, hat in Simmel einen deutschen Pragmatisten gesehen (Jerusalem 1913: Spalte 3205-3226).

Aus der Sicht Jerusalems sind die Formulierungen Simmels in der *Philosophie des Geldes* ganz im Sinne des Pragmatismus. Einen Unterschied zu den Positionen, die in den USA und England damals vertreten wurden, sieht Jerusalem nicht. Wenn Simmel später den englischsprachigen Pragmatismus ablehnt, gewinnt Jerusalem den Eindruck, Simmel habe „seine Meinung geändert" (Ebd.: 3223).

Simmel hat zwei Probleme gesehen, wenn es um die Wahrheitsfrage ging: die Frage des theoretischen Zugangs zur objektiven Wahrheit und die Frage der Annahme oder Zurückweisung von Wahrheit auf der subjektiven Ebene. Er brachte das Beispiel der Motivation durch vitale Interessen, die Veranlassung dazu sein konnten, dass eine bestimmte Rechnung ausgeführt wird, die aber nicht das Rechenergebnis verfälschen können. Für Simmel schwebt die Wahrheit gleichsam über uns, und wir verarbeiten sie im Handeln, beziehen sie ein oder blenden sie aus. Der amerikanische Pragmatismus jedoch ist individualistisch und subjektivistisch und kennt kein ideales Reich des Wahren.

Indem Simmel referiert, was er für die Wahrheitslehre dieses Pragmatismus hält, nennt er die „groben Nützlichkeiten" (G. Simmel 1918: 30) und die „tiefsten seelischen Bedürfnisse(n)" (Ebd.) als Quellen von „Wertrangierungen" (Ebd.). Dabei entsteht ein Bild von einem gleitenden Übergang von Wahrheit zu Irrtum auf einer Skala, auf der „volle Wahrheit" (Ebd.) und voller Irrtum die Extremposition einnehmen. Doch Simmel zögert. Er holt nicht zum zornigen Schlag gegen eine Irrlehre aus, es kommt ihm noch nicht einmal „auf ihr Recht oder Unrecht" (Ebd.: 31) an.

Der Pragmatismus ist Signatur einer Zeit, meint Simmel, er ist selbst eine Form der Wahrheit, die von dem gerade um 1918 gelebten Leben legitimiert zu werden scheint, und eben das gibt Anlaß zu Mißtrauen. Zum Schluß unterscheidet er zwischen einem ursprünglichen und dem neuen Pragmatismus, wobei der ursprüngliche wohl der von Simmel selbst ist, der dann zu seinem Kummer verfälscht wurde (Ebd.: 33).

Der Behaviorismus wendet sich ab von den Aufrufen, den Blick ins Innere der eigenen Seele und auf den Prozess des Lebens zu richten, die für die Philosophie und die Psychologie des William James kennzeichnend sind. Psychologie soll – so fordern Vertreter des Behaviorismus – nicht mit subjektiven Vermutungen, schon gar nicht mit Wetten, arbeiten, sondern mit Daten, die auf dem Messen und Zählen des sichtbar gewordenen Verhaltens (behavior) basieren. Wenn z.B. zwei Wähler ihr Kreuz auf dem Wahlzettel an die gleiche Stelle setzen, haben sie sich gleich verhalten, und ihre Akte können addiert werden nach der Regel 1 + 1 = 2. Ob der eine Wähler den gewählten Kandidaten mit Begeisterung verehrt, während der andere ihn als das geringste der angebotenen Übel gerade noch toleriert, das bleibt dabei allerdings dem Behaviorismus ohne Bedeutung. Als Begründer des Behaviorismus gilt John B. Watson (1878-1958), als sein prominentester Vertreter in der Gegenwart B. F. Skinner, der mit Ratten und Tauben experimentierte.

George Herbert Mead tritt dem menschlichen Verhalten nicht im Sinne dieses Behaviorismus sensualistisch-positivistisch gegenüber, sondern verstehend. Darum modifiziert er den Ansatz Watsons zu einem ‚social behaviorism'. Für Mead bedeutet Behaviorismus dies: Der Mensch muss aufgrund seiner Handlungen studiert werden, und zwar sowohl aufgrund der offen ausgeführten als auch der unsichtbar bleibenden, weil nur gedachten. Da jedes Individuum an einer Folge gemeinsamer Aktivitäten zusammen mit anderen beteiligt ist, ist es zweckmäßig, seine Handlungen als Segmente größerer Handlungszusammenhänge zu studieren. So gelangt Mead zur Fragestellung der Sozialpsychologie (A.C. Zijderveld 1975: 74).

Behaviorismus und Pragmatismus gehen als die beiden fundamentalen Aspekte in die TSI ein und geben bis in die Gegenwart hinein Anlass zu verschiedenen Interpretationen des symbolisch-interaktionistischen Programms. Manford H. Kuhn (1911-1963) hat das behavioristische Erbe einseitig hervorgehoben und von Mead nur das übernommen, was sich zu operationalisierbaren Konzepten verarbeiten ließ. So entstand unter Kuhns Einfluss die ‚Iowa School of Symbolic Interactionism' (B.N. Meltzer 1970: 5ff). Sie ist positivistisch naturwissenschaftlich ausgerichtet. Ihr liegt eine deterministische Vorstellung von menschlichem Verhalten zugrunde. Sie ließ sich leicht in die Hauptströmung amerikanischer Soziologie integrieren und erhielt von Kuhn angesichts der weitgehenden Veränderungen, die er vorgenommen hatte, sogar einen neuen Namen: „Self Theory" (Ebd.: 14). Kurz vor dem Ende von Kuhns Leben waren die Vorbereitungen zur Einrichtung eines umfangreichen Forschungsprogramms mit Unterstützung des National Institute of Mental Health in vollem Gang. Hätte sein Tod das Großprojekt nicht beendet, so wäre die Iowa School vermutlich weit einflussreicher geworden (L.T. Reynolds 1990: 85).

Andererseits hat Maurice Natanson Meads Ansatz ganz der Phänomenologie zugerechnet, indem er die humanistisch-pragmatischen Aspekte der TSI einseitig hervorhob (M. Natanson 1956; Vgl. auch: Zijderveld 1975: 43). Wann immer bei der Interpretation der TSI die enge Verbindung von Behaviorismus und Pragmatismus gelockert wird, zeigt sich die Gefahr einer Einebnung der Besonderheiten und einer Vereinnahmung zugunsten anderer Strömungen (A.C. Zijderveld 1975: 44ff). Als dritte Wurzel der TSI nennt Zijderveld die Romantik (Ebd.). Er kann sich dabei auf Mead selbst berufen, der die These formuliert hat, dass die Begeisterung für Probleme des Selbst und der Identität ihren Ursprung im Denken der Romantik des 19. Jahrhunderts habe (G.H. Mead 1952: 51-65).

3.2 Charles Horton Cooley

Obwohl – wie später zu zeigen sein wird – Mead kurz vor seinem Tod Charles Horton Cooley (1854-1929) vorgehalten hat, er argumentiere zu einseitig zugunsten subjektiver Vorstellungen, also in einer Weise, wie Natanson sie Mead unterstellt, hat sich Cooley in Wahrheit ähnlich wie Mead um eine Synthese zwischen Behaviorismus und Pragmatismus bemüht (C.H. Cooley 1926/27: 59). Er war neun Jahre älter als Mead und wie dieser von James beeinflusst. Cooley nimmt jene Zweiteilung der Umwelt des Menschen vor, die für die TSI charakteristisch bleibt: Einerseits lebt der Mensch in einer physischen, andererseits aber auch in einer soziokulturellen Umwelt (A.M. Rose 1962:3-19). Er verwendet dafür die Begriffe „material conditions" und „human or social conditions" (C.H. Cooley 1926: 59). Zu den materiellen Bedingungen der Umwelt gehören die Sachen, die uns umgeben, die äußeren Kontakte, das mit den Sinnen Wahrnehmbare also, das sich mit großer Genauigkeit messen und zählen lässt. Dagegen haben wir es im

Bereich der menschlichen oder sozialen Bedingungen unserer Umwelt mit Personen zu tun, mit inneren Erlebnissen, mit Fragen der inneren Nähe und Distanz, die von der physischen Nähe und Distanz recht unabhängig sind. Ferner gehören dazu Emotionen und andere innerpsychische Antriebe, die sich der unmittelbar sinnlichen Wahrnehmung entziehen.

Der Zweiteilung der Umwelt entsprechend unterscheidet Cooley zwei Formen des Wissens: dingliches (oder räumliches) Wissen und soziales Wissen (social knowledge). Die Sinneswahrnehmung des Menschen hat im Umgang mit den beiden Aspekten der Umwelt je verschiedene Bedeutung: Im Umgang mit den Sachen ist die Sinneswahrnehmung Quelle des Rohmaterials, das im Denken zu Wissen verarbeitet wird, im Umgang mit Menschen dagegen dient die Sinneswahrnehmung vor allem als Medium der Kommunikation und damit auch als Möglichkeit, Symbole wahrzunehmen, die komplexe innere Regungen auslösen können, welche nicht primär den sinnlichen Eindrücken unmittelbar unterliegen. Die Sinneswahrnehmung hat gegenüber dinglichem oder räumlichem Wissen einen anderen Stellenwert als gegenüber sozialem Wissen. Diese Gegenüberstellung erinnert an die Unterscheidung bei Platon zwischen dem Sehen mit den körperlichen Augen und dem Sehen mit den Augen des Geistes.

Jenes Wissen, das den Menschen über die ‚material conditions' seiner Umwelt informiert, wird in den Naturwissenschaften immer feineren Verfahren der Messung und Quantifizierung unterworfen. Das soziale Wissen kann nicht in gleicher Weise gewonnen werden: Es entwickelt sich aus den Kontakten mit den Denkinhalten anderer Personen durch Kommunikation. Es setzt Verstehen und Nachempfinden voraus, und ihm liegt, wie Cooley schreibt, eine dramatische Struktur zugrunde, in der Rollenspiel und symbolische Kommunikation sowie die Repräsentation von physisch nicht präsentem Handeln charakteristisch sind. So wird der Vorgang der Entstehung kulturell bedeutsamen Wissens in symbolischer Interaktion von Cooley beschrieben. Mit dem Hinweis auf die ‚dramatische Struktur' ist eben dies gemeint: indem die Darsteller auf der Bühne interagieren, entsteht vor ihren und der Zuschauer Augen die Wirklichkeit des Dramas. Die Bühnenmetapher wird dann zwischen 1953 und 1974 im Werk Erving Goffmans eine wichtige Rolle spielen.

Um die den Sinnen nicht unmittelbar zugänglichen Wesenheiten der Kultur und der Gesellschaft mitteilbar zu machen, braucht der Mensch Symbole: „We must not forget that the symbol is nothing in itself, but only a convenient means for developing, imparting, and recording a meaning, and that meanings are the product of a mental-social complex and known to us only through consciousness" (Ebd.: 68). Als Beispiel für ein Symbol nennt Cooley den bewunderten Menschen, der in seiner Zeit als Held gilt. Der Held einer Epoche wird aus dem Material gestaltet, das in den Leben der vielen Menschen enthalten ist. Daher meint Cooley, dass das Äußere und das Innere des menschlichen Lebens, dass das Bewusstsein und das Verhalten einander ergänzen und erklären, und dass das Studium des äußerlich sichtbaren Verhaltens als einer Sache für sich (Behaviorismus) im Bereich der Wissenschaften vom Menschen ebenso unfruchtbar ist wie reine Introspektion (in der Psychologie von William James), und zwar aus weitgehend demselben Grunde: weil nämlich jeweils ein Aspekt eines Vorgangs isoliert wird, der doch untrennbar zu dem anderen gehört (Ebd.: 70).

Außer dieser Bemühung um Überbrückung der Kluft zwischen Behaviorismus und Pragmatismus steht im Mittelpunkt von Cooleys Werk die Bemühung um Überbrückung der Kluft zwischen Individuum und Gesellschaft. Sowohl 'Individuum' als auch 'Gesellschaft' sind für ihn wirklichkeitsferne Abstraktionen: „'Society' and 'individual' do not denote separable phenomena, but are simply collective and distinctive aspects of the same thing" (C.H. Cooley 1932: 36ff. Auffällig ist die Übereinstimmung mit Simmel. Vgl. H.J. Helle, 1988: 156; A.C. Zijderveld 1975: 69). Die beiden untrennbar miteinander verbundenen Aspekte nennt er ‚the social mind' und ‚the individual mind'. Cooley bereitet die Theorie des Selbst und der Identität vor, wenn er behauptet, dass der Mensch als soziales Wesen über sich selbst nur aus der Perspektive einer Gruppe und über die Gruppe nur aus der Perspektive seines Individualbewußtseins nachdenken kann (A.C. Zijdervcld 1975: 69). Sein Selbst entfaltet sich deshalb aufgrund der fortwährenden Frage danach, wie er wohl aus der Sicht der signifikanten Anderen erscheint.

Cooley hat diese Gedanken am Modell des Spiegelselbst entwickelt (C.H. Cooley 1972: 231-233). Soziale Beziehungen werden in vielen Fällen von der Einstellung geprägt, die der einzelne seinem Selbst gegenüber deshalb hat, weil er sie einem anderen Bewusstsein zuschreibt. Darum schauen wir in den Spiegel, weil wir uns dann am ehesten vorstellen können, mit welchen Augen uns die anderen sehen: „So in imagination we perceive in another's mind some thought of our appearance, manners, aims, deeds, friends, and so on, and are variously affected by it" (Ebd.: 231). Der einzelne macht sich demnach eine Vorstellung von sich aus der Perspektive anderer, er entwickelt so das, was Cooley ‚self-idea' nennt. Eine solche Selbstidee enthält drei Hauptelemente: „The imagination of our appearance to the other person; the imagination of his judgement of that appearance, and some sort of self-feeling, such as pride or mortification" (Ebd.).

Der Vergleich mit dem Spiegel verschafft uns Zugang nur zu dem ersten der drei. Der zweite Effekt ist nämlich denkbar nur als eingebildete Wirkung unserer Erscheinung auf das Bewusstsein eines anderen. Dabei kommt es selbstverständlich darauf an, an wessen Bewusstsein wir jeweils denken, denn jemand wird sich z.B. gegenüber der einen Person einer Tat rühmen – etwa einer raffinierten Handelstransaktion –, die er gegenüber einer anderen nur verschämt erwähnen würde.

Cooley zeigt nun, welche große Bedeutung das Modell des Spiegelselbst für die Sozialisationstheorie hat. Gerade bei kleinen Kindern kann man leicht beobachten, wie sich Selbstgefühl und Spiegelselbst in Interaktion mit anderen entwickeln. Schon ein sechs Monate altes Kind wird ganz offenkundig und absichtlich versuchen, die Aufmerksamkeit auf sich zu lenken, eine einmal von ihm bei den Erwachsenen erzielte Reaktion wiederum und häufig auszulösen, um sich so einer gewissen Stabilität zu versichern. Allgemein beschäftigen sich junge Leute lebhaft damit, herauszufinden, was andere von ihnen denken. „The young performer soon learns to be different things to different people, showing that he begins to apprehend personality and to foresee its operation" (Ebd.: 232). Später dann lernt der Mensch, dass ein zu offenkundiges Bemühen um Anerkennung bei anderen als schwächlich und unterwürfig gilt, und dass er in vielen Situationen Zuneigung, Gleichgültigkeit, Verachtung, usw. nur simulieren darf (Ebd.: 233).

Mit diesen Konzepten behandelt Cooley das Thema ‚Individuum und Gesellschaft' deutlich einseitig auf der Ebene persönlicher Begegnung miteinander bekannter einzelner. Mit Recht gilt Cooley als der Schöpfer des Begriffs der Primärgruppe. Der nicht unberechtigte Vorwurf gegenüber der TSI, den Bereich der Sozialpsychologie, und damit der Mikrosoziologie, gegenüber dem der Makrosoziologie ungleichgewichtig in den Vordergrund gerückt zu haben, wird umso besser verständlich, als schon Cooley zu dieser einseitigen Ausrichtung den Anstoß gegeben hat. Seine Primärgruppe ist nämlich in dem Sinne ‚primär', dass sich in ihr die ‚menschliche Natur' als universale, kulturübergreifende Qualität ausdrückt. Ihr gegenüber sind alle komplexeren Großstrukturen der Gesellschaft auch insofern sekundär, als der Makrobereich dem Wandel unterliegt, während die Primärgruppen – wie Cooley meint – sich nicht verändern: „They do not change". „Primary groups are primary in the sense that they give the individual his earliest and completest experience of social unity, and also in the sense that they do not change in the same degree as more elaborate relations, but form a comparatively permanent source out of which the latter are ever springing" (C. H. Cooley, 1972: 158). Sie sind die unwandelbare, fortdauernde Quelle, aus welcher die „more elaborate relations" des Makrobereichs hervorgehen.

Damit hat Cooley eine klare Wertentscheidung getroffen, selbst wenn er anschließend zugesteht, dass die Primärgruppen natürlich nicht „independent of the larger society" sind (Ebd.). Am Beispiel Deutschlands will Cooley 1909 zeigen, dass der Militarismus der Gesellschaft den Institutionen der Schule und Familie des Kaiserreiches deutlich seinen Stempel aufgedrückt habe. Mit dieser Fragestellung antizipiert Cooley die Studien zur Autoritären Persönlichkeit von Theodor W. Adorno und Mitautoren, wobei freilich sein Ansatz ein ganz anderer ist. Die „village commune" der deutschen und russischen Bauern bewundert Cooley in ihrer Selbständigkeit gegenüber dem Staat. Die Anklänge an Ferdinand Tönnies' Begriff der ‚Gemeinschaft' sind deutlich. In der ‚village commune' herrscht direkte Demokratie, alle Beschlüsse werden einstimmig gefasst. Jeder kennt jeden ‚face to face'. Weitere Beispiele für Primärgruppen sind „groups of the family, the playground, and the neighborhood" (Ebd.: 159). Cooleys Position wird als Kultur- und Stadtkritik erkennbar; er stellt fest: „In our cities the crowded tenements and the general economic and social confusion have sorely wounded the family and the neighborhood, but it is remarkable, in view of these conditions, what vitality they show; and there is nothing upon which the conscience of the time is more determined than upon restoring them to health" (Ebd.: 158).

Seine Begeisterung für die Primärgruppe drückt sich bis in die Terminologie hinein aus, wenn er sie als ‚Lebensquelle' bezeichnet: „These groups, then, are springs of life, not only for the individual but for social institutions. They are only in part molded by special traditions, and, in larger degree, express a universal nature" (Ebd.). Primärgruppen sind offenbar soziale Gebilde, in denen Mitgliedschaft als persönliche Bekanntschaft definiert ist. Ihre eminente Bedeutung für Individuum und Gesellschaft rechtfertigt für Cooley und für die TSI nach ihm, dass sich die Aufmerksamkeit der Forschung auf sie konzentriert.

3.3 William Isaac Thomas

Wie George Herbert Mead, so ist auch William Isaac Thomas im Jahre 1863 geboren. Beide waren also neun Jahre jünger als Charles Horton Cooley. Während aber Cooley und Mead kurz nacheinander starben (Cooley 1929 und Mead 1931), überlebte Thomas die beiden bei weitem und starb 1947 im Alter von 84 Jahren. Aufgewachsen war Thomas in einer Landpfarrei in Virginia, wo sein Vater das Amt eines protestantischen Predigers mit den Alltagspflichten eines Farmers verband (M. Janowitz 1966:

XI). William und noch ein weiterer Sohn dieses Methodistenpfarrers erwarben Doktorgrade, William sogar zwei nacheinander. Die erste Promotion fand an der University of Tennessee im Jahre 1886 statt, und zwar in Anglistik. Im Anschluss daran unterrichtete Thomas Naturgeschichte und Griechisch. Das akademische Jahr 1888-1889 verbrachte er als Student in Göttingen und Berlin (Ebd.: XII). Die Universitäten Deutschlands hatten zu dieser Zeit ein so hohes Ansehen, dass ein begabter amerikanischer Akademiker, der das Berufsziel hatte, Wissenschaftler zu werden, alles daransetzte, mindestens ein Jahr in Deutschland zu verbringen.

Nach dem Deutschlandaufenthalt wurde Thomas Professor für englische Sprache und Literatur am Oberlin College. Aus dieser Position ließ er sich 1893-1894 beurlauben, um ein Jahr lang an der University of Chicago Soziologie zu studieren. Fünf Jahre vor der Jahrhundertwende kündigte er am Oberlin College, gab seine Professur für Englisch auf und widmete sich ganz dem Studium der Soziologie. In diesem Fach promovierte er 1896. Das war seine zweite Promotion, zehn Jahre nach der ersten. Von 1895 bis 1918 arbeitete er in verschiedenen Rängen, seit 1910 als Professor an der University of Chicago. Wie später Mead, sollte auch Thomas diese Universität auf dramatische Weise verlassen, doch der Skandal im Umkreis der Entlassung von Thomas hat die Öffentlichkeit viel stärker beschäftigt als der demonstrative Rücktritt der Philosophieprofessoren um Mead. Thomas wurde nämlich 1918 vom FBI verhaftet und daraufhin wenig später aus der Universität entfernt. Die Verhaftung war erfolgt, weil er sich in einem Hotel unter falschem Namen hatte registrieren lassen.

Zwar kam es vor Gericht zu keiner Verurteilung, aber die Frau, die in dem gleichen Verfahren gehört wurde, gab an, mit einem amerikanischen Offizier verheiratet zu sein, der z.Zt. ihres Zusammenseins mit Thomas in Frankreich für sein Vaterland kämpfte. Aus diesem Stoff gestaltete die Tageszeitung ‚Chicago Tribune' einen Skandal, der die Universitätsverwaltung zur Entlassung von Thomas veranlasste. Albion Small, der damals das Department of Sociology leitete, versuchte zwar, sich für ihn einzusetzen. Thomas war aber schon vorher aus ähnlichen Anlässen auffällig geworden, so dass seine Entlassung nicht mehr abzuwenden war. Er musste im Alter von 55 Jahren den Berufsalltag eines Universitätsprofessors aufgeben und als freiberuflicher Wissenschaftler und Forscher den Rest seines Lebens verbringen. Möglicherweise verdanken wir diesem Umstand ein umfangreicheres und fruchtbareres publiziertes Werk, als es ohne sein unerwartetes Ausscheiden der Fall gewesen wäre.

Fünf Jahre später, 1923, erscheint von Thomas das Buch „The Un-adjusted Girl" (W.I. Thomas 1967). Dieses Werk über das schlecht angepasste Mädchen ist nicht nur ein bedeutender Beitrag zur Soziologie des abweichenden Verhaltens, sondern es enthält auch die Formulierung des berühmt gewordenen Thomas-Theorems. Thomas entwickelt das Konzept der ‚Definition der Situation' aus dem Gedanken der ‚Selbstbestimmung im Handeln'. Jedem selbstbestimmten Handeln geht ein Stadium der Prüfung und Überlegung voraus, in dessen Verlauf die Situation, in der gehandelt werden soll, definiert wird. Thomas schreibt: „Preliminary to any self-determined act of behavior there is always a stage of examination and deliberation which we may call the definition of the situation" (Ebd.: 42; Vgl. dazu auch W.I. Thomas 1972: 331). Dieses Konzept will Thomas nicht nur auf isolierte Handlungen, sondern auf den ganzen Lebensentwurf und die Persönlichkeit des Individuums beziehen, die sich aus einer Serie solcher Definitionen ergeben.

Thomas sucht nach der Instanz, die diese definitorische Kraft ausübt. Dabei wird für ihn aus der ‚primary group' eine ‚primary defining agency', also eine primäre Definitionsinstanz. Das Thomas-Theorem besagt, dass jene Situationen, die von einer solchen primären Definitionsinstanz, d.h. von den daran beteiligten Menschen, als real definiert werden, in ihren Konsequenzen real sind (W.I. Thomas 1967: 43). Reinhard Bendix (1916-1991) hat dieses Theorem von der Bindung an die Situation abgelöst und auf Bewusstseinsinhalte allgemein bezogen: „The dictum of W.I. Thomas that situations which men define as real, are real in their consequences, applies with equal force to the realm of ideas. As long as men live by what they believe to be so, their beliefs are real in their consequences" (R. Bendix 1980: 86).

Die Selbstbestimmung im Handeln führt aber nur in Ausnahmefällen dazu, dass tatsächlich ein isoliertes Individuum in einsamer Entscheidung seine Situation für sich definiert. Vielmehr wird der Mensch in Gruppen hineingeboren und erzogen, in denen alle nur denkbaren Situationen, die möglicherweise auftreten können, schon im voraus definiert sind, „and where he has not the slightest chance of making his definitions and following his wishes without interference. Men have always lived together in groups" (W.I. Thomas 1967: 42). So bietet die soziale Wirklichkeit das Bild eines rivalisierenden Nebeneinanders von spontanen Situationsdefinitionen einzelner und dem Vorrat an Situationsdefinitionen, den die Gesellschaft bereithält. Bei der Konkretisierung dieser Aussage stößt Thomas zuerst auf die Familie: „The family is the smallest social unit and the primary defining agency" (Ebd.: 43).

Thomas beschreibt, wie in der Phase der frühkindlichen Sozialisation erlernt wird, Situationsdefinitionen zu akzeptieren, die Familienmitglieder, Spiel- und Schulkameraden dem einzelnen vorgeben. „In addition to the family we have the community as a defining agency" (Ebd.). Er beklagt, dass in seiner Gegenwart des Jahres 1923 die Gemeinde schwach und wirkungslos geworden sei. Ursprünglich jedoch umfasste die Gemeinde die ganze Lebenswelt ihrer Mitglieder und war übersichtlich genug, um eine Vollversammlung zuzulassen. Sie war eine ‚face-to-face group', die soweit reichte, wie das Gerede über eines ihrer Mitglieder. Hier wird in der Argumentation bei Thomas deutlich, wie stark er Cooley verpflichtet ist: Auch bei Thomas ist das Studium der Gesellschaft weitgehend identisch mit dem Studium der Familie und der Gemeinde.

Doch dies ist erst die eine Seite des Soziologen Thomas. Die andere lässt sich nur in Verbindung mit seinem Kollegen Florian Znaniecki (1882-1958) und dem Werk behandeln, das beide gemeinschaftlich verfasst haben: „The Polish Peasant in Europe and America" (W.I. Thomas u. F. Znaniecki 1958). Dieses bedeutende Werk war in fünf Bänden geplant worden. Band 1 und 2 erschienen tatsächlich 1918 in der University of Chicago Press in Chicago. Dann ereignete sich jedoch der Skandal um Thomas, der zu dessen Entfernung aus der Universität führte. Daraufhin löste auch der Verlag der Universität alle vertraglichen Bindungen mit ihm, so dass das Werk fortan bei einem anderen Verlag in Boston betreut wurde. Dort erschienen in den Jahren 1918-1920 alle fünf Bände. Inzwischen liegt das Buch seit seiner 2. Auflage als zweibändiges Werk vor, obwohl es einen Umfang von 2244 Seiten hatte, als es zuerst erschien.

Thomas stand unter dem Eindruck des sozialen Problems, das durch die polnische Einwanderung nach Chicago in dieser Stadt entstand. Vor allem fesselte ihn die Frage, warum junge polnische Männer, die einen gesetzestreuen und mindestens anpassungsbereiten Eindruck machten, sich plötzlich aus anscheinend nichtigem Anlass in skrupellose Kriminelle verwandelten. Thomas empfand tiefes Mitgefühl mit der Not der polnischen Einwandererfamilien und ihrer Jugendlichen und entschloss sich, das Problem soziologisch zu studieren. Material dazu wollte er auch in Polen selbst sammeln. Auf einer Reise dorthin traf er 1913 den polnischen Philosophen Florian Znaniecki, der ihm außerordentlich behilflich war. Als im Jahre 1914 der Krieg ausbrach, floh Znaniecki nach Chicago und war nun auf Thomas' Hilfe angewiesen. Obwohl Znaniecki als Philosoph keine soziologische Vorbildung hatte, entschloss Thomas sich nicht nur dazu, ihn an seiner Forschung mitarbeiten zu lassen, sondern machte ihn auch zum Mitautor des bedeutenden Werkes, von dem hier die Rede ist (Vgl. M. Janowitz 1966: XXV; Vgl. dazu auch E. Halas 1991).

Es handelt sich dabei um eine empirische Studie zum sozialen Wandel und gleichzeitig um einen methodischen Großversuch, qualitative Daten wie biographische Berichte, Briefe usw. verstehend auszuwerten. Die Autoren Thomas und Znaniecki setzen in ihrem theoretischen Anliegen die Absichten Cooleys (und Simmels) fort, Individuum und Gesellschaft als zwei Aspekte eines Gegenstandes aufeinander zu beziehen. Sie rechnen dem Individuum einen subjektiven Faktor zu, den sie ‚attitude' nennen und der Gesellschaft einen objektiven, den sie ‚value' nennen. Aus dem Miteinander beider versuchen sie, die Dynamik sozialen Wandels zu erklären: Der Einfluss der objektiven ‚values' (und die Buntheit der Beispiele zeigt, dass es sich um Objektivationen aller Art im Sinne Hans Freyers handelt) ist stets von der subjektiven Rezeptionsbereitschaft, von der Einstellung (attitude) des Individuums abhängig. Darum ereignet sich ein Wandel im Bereich der ‚values' dann, wenn bei deren Anwendung im Handeln eine neue Perspektive der Individuen zum Tragen kommt (H. Blumer 1969a: 118). Diese Wechselwirkung zwischen gesellschaftlicher und individueller Ebene arbeiten sie aus den ihnen vorliegenden qualitativen ‚human documents' heraus. Gesellschaft begreifen sie dabei nicht in erster Linie als Summe der Strukturen sozialer Großgebilde, sondern als sinnhaltige Objektivationen und als Verhaltensnormen, die sie auch als Institutionen bezeichnen (A.C. Zijderveld 1975: 88).

Die Stabilität einer Gruppe und die Stabilität von Institutionen stellt sich ihnen dar als das dynamische Gleichgewicht zwischen Prozessen der Desorganisation und Prozessen der Reorganisation. Dieses Gleichgewicht wird gestört, wenn Prozessen der Desorganisation nicht mehr durch Versuche, die Gültigkeit der bestehenden Verhaltensregeln aufrechtzuerhalten, gegengesteuert werden kann. Dann folgt eine Periode vorherrschender Desorganisation, die unter Umständen zur völligen Auflösung der Gruppe führt. Häufiger ist es jedoch, dass diese Auflösungstendenz zum Stillstand gebracht wird, bevor es soweit kommt. Das kann durch einen neuen Prozess der Reorganisation erreicht werden, der nicht in einer Stärkung und Wiederbelebung der verfallenden alten Organisation besteht, sondern in der Schaffung neuer Verhaltensmuster und neuer Institutionen, die den veränderten Bedürfnissen der Gruppe besser entsprechen. Eine solche Schaffung neuer Verhaltensmuster und Institutionen nennen die Autoren soziale Rekonstruktion (W.I. Thomas u. F. Znaniecki 1966: 5).

Die Verfasser arbeiten mit einer Methode, nach der ein Kausalzusammenhang im Bereich der sozialen Wirklichkeit drei Komponenten enthält: ein Effekt, ganz gleich ob er nun ein individueller oder ein sozialer Effekt ist, hat immer eine dazugehörige Ursache, die sich zusammensetzt aus einem individuellen oder subjektiven und einem sozialen oder objektiven Bestandteil (H. Blumer 1969a: 118). Dieses Konzept erscheint mir darum methodisch interessant, weil es die einfache lineare Abfolge von der Ursache A zur Wirkung B, die wir aus dem Denken der Naturwissenschaften kennen, in eine Dreiecksbeziehung überführt: Die zu einem Wert passende Attitüde entsteht nicht erst in einem isolierten Aktionszusammenhang. Attitüden entwickeln sich im Laufe langer Sozialisationsvorgänge. Auch soziale Werte entstehen nicht überraschend und ohne Zusammenhang. Sie sind in einen Kontext sozialer Gebilde eingespannt, in eine mehr oder weniger lange Tradition von Wertorientierungen. Aber jedes für sich reicht nicht aus, um einen bestimmten sozialwissenschaftlich interessanten Effekt herbeizuführen. Erst die besondere Kombination eines bestimmten sozialen Wertes, der in einer Gruppe präsent ist, mit einer darauf in bestimmter Weise ausgerichteten Attitüde oder Einstellung eines Individuums veranlasst das Individuum, jene typische Handlung auszuführen, die dann zu dem fraglichen Effekt wird oder hinführt (W.I. Thomas u. F. Znaniecki 1966: 6).

Es kommt den Verfassern nicht darauf an, Sozialcharaktere und Lebensorganisationen in ihrer statisch abstrakten Form zu untersuchen, sondern sie in ihrer dynamischen Entwicklung nachzuzeichnen. Sozialcharakter und Lebensorganisation, d.h. die subjektive und die objektive Seite der Persönlichkeit, entwickeln sich aneinander und gemeinsam. Denn eine Attitüde oder subjektive Einstellung kann nur dann als stabiler Teil eines reflektierten Charakters verfestigt werden, wenn an diesem Prozess der Stabilisierung der Einfluss eines objektiven Verhaltensschemas beteiligt ist und umgekehrt. Die Schaffung und Stabilisierung eines solchen Verhaltensschemas erfordert, dass eine innere Einstellung als Teil des Persönlichkeitsaufbaus stabilisiert wird. Jeder Prozess der Persönlichkeitsentwicklung besteht daher aus einer Serie komplexer Wachstumsvorgänge, in deren Verlauf soziale Interpretationsschemata auf vorher schon bestehende Einstellungen einwirken und dadurch neue Einstellungen in einer solchen Weise produzieren, dass sie wiederum die Tendenzen des Temperaments im Hinblick auf die soziale Umwelt mitbestimmen und so die Potentiale der Charakteranlagen entwickeln helfen, die das Individuum von sich aus mitbringt. Die neuen Einstellungen mit ihrer intellektuellen Kontinuität werden nun in der Auseinandersetzung mit sozialen Werten diesen gegenüber wirksam und produzieren daher in der Sphäre individueller Erfahrungen neue Werte, und zwar so, dass jede Schaffung eines neuen Werts zugleich die Definition irgendeiner vagen Situation einschließt. Dieses ist dann jeweils ein Schritt in Richtung auf die Verfestigung eines konsistenten Verhaltensschemas.

In der kontinuierlichen Interaktion zwischen Individuum und sozialer Umwelt ist also weder das Individuum ein Produkt seines Milieus noch auch produziert es dieses Milieu. Oder man kann auch sagen, dass beides der Fall ist. Denn das Individuum kann in der Tat unter dem Einfluss seiner Umwelt seine Persönlichkeitsmerkmale entwickeln, aber andererseits modifiziert es auch seine Umwelt, indem es Situationen definiert und sie als dem Handeln vorgegebene Probleme löst nach seinen Definitionen, seinen Wünschen und den Tendenzen, die seiner Persönlichkeit immanent sind. So schafft das Individuum im Handeln neue Wirklichkeit aufgrund der Merkmale seiner Persönlichkeit. Aber zugleich entwickelt sich seine Persönlichkeit aufgrund der in der Umwelt angelegten Potentiale (Ebd.: 31f.).

Es gibt nach Meinung von Thomas und Znaniecki keinen Bruch in der Kontinuität zwischen dem Normalen und Abnormen, sondern in der konkreten Alltagswirklichkeit geht beides kontinuierlich ineinander über und gestattet keine saubere Trennung in zwei voneinander losgelöste Bereiche. Darum fordern sie als Methode für das wissenschaftliche Vorgehen in der soziologischen Forschung nicht die Handhabung wertender Normen, sondern die Entwicklung von Typen aus dem untersuchten Gegenstand selbst mit der Methode des Vergleichs (Ebd.: 44).

Zur Entwicklung einer Theorie des abweichenden Verhaltens greifen Thomas und Znaniecki auf ein Konzept zurück, das sie auch für die Erklärung sozialen Wandels verwenden: die Einwirkung äußerer Einflüsse auf ein bisher relativ isoliertes soziales Gebilde. So wie das polnische Dorf sich zu wandeln beginnt, sobald immer stärkere Einflüsse aus der weiträumigen Gesellschaft in dieses vordem isolierte Dorf hineinwirken, so entstehen auch in der polnischen Gemeinde in Chicago verschiedene Formen abweichenden Verhaltens, weil eine Isolierung dieser Gemeinde von der großstädtischen Umwelt nicht möglich ist. Da die äußeren Einflüsse, die in das zur Isolierung neigende System hineinwirken, zu allem dort bislang Üblichen im Widerspruch stehen, lässt die Interaktion zwischen innen und außen neue Phänomene entstehen, welche als Abweichungen bewertet werden, und zwar sowohl unter dem Gesichtspunkt der bisher zur Isolierung neigenden inneren Einheit als auch unter dem Gesichtspunkt des weiteren äußeren sozialen Umfeldes. Von innen aus gesehen ist ja schon die teilweise Aufhebung der Isolierung abweichendes Verhalten. Das polnische junge Mädchen, das nicht mit einem jungen Polen, sondern mit einem Angehörigen der äußeren Umwelt engen Kontakt aufnimmt, wird zur Abweichlerin aus der Sicht der polnischen Gemeinde. Diesen Vorgang des Verlusts der ghettohaften Isolierung deuten Thomas und Znaniecki als Ursprung für abweichendes Verhalten.

Wenn abweichendes Verhalten in den verschiedensten Formen gerade dadurch entsteht, dass Verknüpfungen hergestellt werden und Isolierungen aufgebrochen werden, dann folgt für das methodische Vorgehen des Sozialwissenschaftlers daraus, dass er diese Formen abweichenden Verhaltens eben auch nur in ihren übergreifenden Zusammenhängen studieren kann und nicht als isolierte Phänomene. Sie sind das Ergebnis des Zusammenstoßes mindestens zweier Wert- und Normsysteme, deren Unvereinbarkeit in der Vergangenheit nicht in Erscheinung getreten sein mag, weil sie sich voreinander isolieren konnten, deren Konflikt jedoch manifest geworden ist, seit im Handeln konkreter Subjekte die Grenzüberschreitung zwischen ihnen praktiziert wurde (Ebd.: 46; Vgl. dazu: G., Simmel 1890: 46. Zur Begegnung fremder Populationen bei Georg Simmel vgl. auch H.J. Helle 2001: 145ff).

3.4 George Herbert Mead

3.4.1 Person und Wirkung

George Herbert Mead (1863-1931) gilt als der geistige Vater der TSI. Anselm Strauss verweist darauf, dass die Arbeiten Meads zwar seine eigenen Worte korrekt wiedergeben, obschon sie überwiegend erst nach seinem Tode publiziert wurden, dass sie auch sowohl im Bereich der Soziologie wie dem der Sozialpsychologie häufig zitiert werden, dass aber dennoch leider zahlreiche Missverständnisse und Fehlinterpretationen Meads festgestellt werden müssen. Seine Position wich radikal ab von derjenigen der meisten Sozialpsychologen und Soziologen, die ihn zitiert oder sein Denken in ihr eigenes System einbezogen haben (A. Strauss 1964: VII).

Die amerikanische Soziologie wurde in der Zeit zwischen 1890 und etwa 1950 von den wissenschaftlichen Leistungen jener Soziologen dominiert, die an der Universität Chicago tätig waren. Das Department of Sociology in Chicago ist zugleich Herausgeber des American Journal of Sociology, das seit 1895/96 erscheint. Der erste Präsident dieser Universität, William Rainey Harper, hatte die fähigsten Gelehrten aus den verschiedensten Fachgebieten berufen mit dem Ziel, die einflussreichsten Graduate Departments des Landes zu errichten. Zu den bedeutendsten Gelehrten in dieser ersten Phase der amerikanischen Soziologie gehörten Albion Small und William Isaac Thomas. In der Abteilung für Philosophie arbeitete ein so bedeutender Mann wie John Dewey.

Auf Anregung und Einladung von Dewey wurde Mead 1894 in die Abteilung für Philosophie berufen. Sein Einfluss auf die Entwicklung der Soziologie beruhte darauf, dass auch das Zentrum der Soziologie in Chicago lag. Das ist besonders einleuchtend, wenn man berücksichtigt, wie wenig er im Laufe seines Lebens publiziert hat. Obwohl Mead selbst eine der führenden Gestalten des Pragmatismus war, verhielt er sich sehr zurückhaltend damit, Gedanken niederzuschreiben und zu publizieren, die ihm noch unfertig erschienen. Diese Zurückhaltung führte dazu, dass er zu seinen Lebzeiten kein Buch veröffentlichte, sondern nur Aufsätze. Die bedeutende Wirkung, die er dennoch gehabt hat, beruht auf der Stärke seines mündlichen Vortrags, insbesondere auf seiner Lehrtätigkeit als Philosophieprofessor an der Universität Chicago in den Jahren von 1894 bis kurz vor seinem Tode.

The University of Chicago wurde damals von einem scharfen Konflikt zwischen dem Präsidenten und dem Department of Philosophy erschüttert. Der Präsident, der die Privatuniversität mit großer Kraft nach seinen eigenen Vorstellungen leitete, wollte gegen den Willen der dort lehrenden Philosophen die Berufung eines bestimmten Philosophieprofessors durchsetzen. Dagegen protestierten die Chicagoer Philosophen, indem sie geschlossen ihre Posten zur Verfügung stellten. So verlor auch Mead seine Professur. Bald darauf starb er (E.A. Shils: Mündliche Mitteilung von Shils während eines Besuches in München im Mai 1976. Vgl. auch hier das Kapitel über Herbert Blumer). Nach seinem Tode wurden durch das Zusammenfügen der Vorlesungsmitschriften seiner Studenten mit Manuskripten aus dem Nachlass vier Buchpublikationen ermöglicht.

Ellsworth Faris, einer der Schüler Meads, beschreibt dessen Vorlesungen, deren einflussreichste den Titel trug „Comparative Psychology" (E. Faris 1937/38: 391-403). Dabei wurde die Bedeutung der Sprache, der Sitten, des Mythos und anderer Kollektivphänomene der Gesellschaft bearbeitet und die Frage untersucht, in welcher Beziehung diese Phänomene zur Entwicklung der Persönlichkeit und des Selbst (self) standen. Faris ist der Ansicht, dass zu den Autoren, die Mead beeinflusst haben, Wilhelm Wundt aus Deutschland, Auguste Comte aus Frankreich, Herbert Spencer aus England und Charles Horton Cooley aus den USA gezählt werden müssen. Offenbar stand Mead außerdem unter dem Eindruck der Arbeiten von Adam Smith, Georg Wilhelm Friedrich Hegel, Karl Marx, Charles Darwin und Sigmund Freud (F.H. Tenbruck 1985: 179-191). Für alle Soziologiestudenten der Universität Chicago, die ihr Fach in den höheren Semestern studierten, bestand die Verpflichtung zum Besuch der Hauptvorlesung Meads.

Nach dessen Tod wurde Herbert Blumer beauftragt, die Vorlesung „Comparative Psychology" statt seiner fortzusetzen.

Die Besonderheiten der Berufskarriere Meads lassen sich am besten verdeutlichen, wenn man ihn mit Dewey vergleicht. Dewey wurde 1859 geboren, also vier Jahre vor Mead. Dewey veröffentlichte sein erstes Buch 1886, als er 27 Jahre alt war, sein zweites 1888 und ein drittes und viertes 1894. Im Alter von 43 Jahren war er berühmt wegen seines Werkes über experimentelle Logik. Seine regelmäßigen und umfangreichen Publikationen über einen außerordentlich weiten Bereich wissenschaftlicher Fachgebiete ergeben eine Publikationsliste, die selbst den Umfang eines Buches hat.

Dagegen nehmen sich die Arbeiten von George Herbert Mead sehr bescheiden aus, auch was ihren thematischen Umfang angeht. Er beschäftigte sich fast ausschließlich mit philosophischen und psychologischen Fragestellungen und publizierte darüber hinaus nur einige Artikel über Fragen der Erziehung, besonders in ihrer Verknüpfung mit Wissenschaft und Sozialreform. Erst als er vierzig war, erschien seine erste bedeutende Arbeit. Es bleibt eine der ungelösten Fragen in Meads Biographie, warum er so sehr damit zögerte, ein Buch zu publizieren. Mead und Dewey blieben bis zum Tode Meads sehr eng befreundet. In seiner Ansprache anlässlich der Trauerfeier sagte Dewey, der Verstorbene sei ein origineller Denker gewesen, ohne sich seiner Originalität bewusst zu sein – falls er sich jedoch ihrer bewusst gewesen wäre, so hätte er dieses Bewusstsein unterdrückt (A. Strauss 1964: X).

Jedenfalls führte die Bescheidenheit Meads dazu, dass er seine eigene Bedeutung nicht ernst nahm, zudem war er offensichtlich an irgendeiner Form von Berühmtheit wenig oder gar nicht interessiert, sondern konzentrierte seine Kraft darauf, seine Ideen immer sorgfältiger zu formulieren und immer weiter auszuarbeiten. Was immer die Erklärung für die geringe Zahl von Publikationen sein mag, die Mead vollendete, dieser Umstand bedeutete jedenfalls, dass die Anerkennung durch seine Fachkollegen der Philosophie lange auf sich warten ließ. Seine Wirkung auf Soziologie und Sozialpsychologie wurde viel schneller spürbar, und zwar aufgrund der Tatsache, dass alle in Chicago ausgebildeten Soziologen seine Vorlesungen gehört hatten. Sie trugen das im Hörsaal Gelernte in ihre empirisch-soziologische Arbeit hinein und, wie Charles Morris meint, sogar in ihr persönliches Leben.

Trotzdem dauerte es bis in die zwanziger Jahre, ehe die Soziologen Mead entdeckten. W. I. Thomas z.B., der schon 1895/96 im ersten Jahrgang des American Journal of Sociology die Untrennbarkeit von Sozialpsychologie und Soziologie vertrat, scheint von Mead kaum beeinflusst gewesen zu sein, obwohl beide als Kollegen an der gleichen Universität tätig waren. Auch die mit der Chicago-Schule eng verbundenen Soziologen Robert Park und Ernest Burgess nehmen keinen Text Meads in ihr Lehrbuch von 1921 auf, das zwei Jahrzehnte lang von Soziologiestudenten in Chicago benutzt wurde. Robert Park war während der zwanziger Jahre eine einflussreiche Figur im Chicago-Department. Obwohl er einige der Ideen von Dewey über Kommunikation übernommen hatte, war auch er wahrscheinlich von Mead nicht beeinflusst. Offenbar kannten Parks Studenten Mead sehr viel besser als Park selbst ihn kannte. Das lag eben daran, dass die Studenten sowohl bei Park als auch bei Mead Vorlesungen hörten, während es nicht üblich ist, dass ein Professor die Vorlesungen des anderen kennt (A. Strauss 1964: XI).

In den zwanziger und dreißiger Jahren war es offenbar Ellsworth Faris, der zwischen den Soziologen und Mead vermittelte. Er empfahl seinen Studenten Deweys und Meads Schriften. Insbesondere jedoch Herbert Blumer brachte den jungen Soziologen in Chicago Mead nahe, wenn auch erst nach dessen Tod: Blumer setzte als junger Assistent Meads Vorlesungen fort. Bis zum Ausbruch des Weltkrieges im Jahre 1939 hatten sich die Buchveröffentlichungen aus dem Nachlass als Lektürestoff für Soziologen durchgesetzt. Mead wurde jetzt der einflussreichste Sozialpsychologe für Soziologen. Ausschnitte aus seinem Werk erschienen in den soziologischen Lehrbüchern. Anselm Strauss weist jedoch darauf hin, dass nur bestimmte Aspekte von Meads Denken in die Soziologie dieser Zeit übernommen wurden.

Zu den Konzepten Meads, die ohne Schwierigkeiten Eingang in die soziologische Lehre fanden, gehörten seine Sozialisationstheorie und seine Begriffe des ‚generalisierten Anderen' und des ‚Selbst'. Diese Ideen gefielen den Soziologen der zwanziger und dreißiger Jahre, weil sie ihnen dabei behilflich waren, die biologistischen Erklärungsversuche menschlichen Verhaltens zu überwinden. Vor allem mit dem Begriff des ‚Selbst' oder, wie wir heute zu sagen uns angewöhnt haben, der ‚Identität', war, als Gegenstück zum psychoanalytischen Ansatz Sigmund Freuds oder zu anderen individualpsychologischen Theorien, ein nützliches Konzept für die Bearbeitung der Sozialisation von Gruppenmitgliedern gefunden. Eine gewisse Ironie liegt darin, dass auch schon Dewey den Soziologen diesen Dienst erwiesen hatte. Da er seine Sozialisationstheorie aber nicht so sorgfältig und ins einzelne gehend ausgearbeitet hatte wie Mead, gefielen dessen Ansätze den Soziologen dann besser und verdrängten die von Dewey.

Funktionalistische Theoretiker wie Parsons, Davis und Merton trafen aus den Schriften Meads eine sehr einseitige Auswahl und übernahmen vor allem jene Aussagen, die sich auf die Internalisierung kultureller Normen bezogen und auf Selbstkontrolle als Widerspiegelung sozialer Kontrolle. Meads Theorie des lebendig sich entwickelnden ‚Selbst' erstarrte unter den Händen der Funktionalisten zu einem statischen Ansatz, in dem das ‚Selbst' nun ihren Vorstellungen von internalisierter sozialer Kontrolle entsprach. So wurde aus Meads generalisiertem Anderen bei den Funktionalisten nur eine Variante der Bezugsgruppentheorie und das Meadsche Rollenkonzept wurde funktionalistisch umgebogen, um dem strukturellen Statuskonzept und dem damit verbundenen Rollenspiel zu entsprechen. Wir stehen vor dem Ergebnis, dass soziale Deterministen Mead so einseitig lesen, als wäre auch er sozialer Determinist gewesen, obwohl er immer wieder Möglichkeiten einer individuellen Einflussnahme auf die Gesellschaft hervorgehoben hat (Ebd.: XIIf.).

3.4.2 Self and Society

Die Entstehung der TSI aus den Arbeiten von Cooley, Thomas und Mead war möglich, weil diese drei Autoren in einigen Grundfragen ein übereinstimmendes Forschungsprogramm verfolgten.

Dazu gehörte das Bemühen um eine Synthese zwischen Behaviorismus und Pragmatismus, die Unterscheidung zwischen physischer Umwelt und soziokultureller Umwelt des Menschen, die Wechselwirkung zwischen Wahrnehmung und Handeln – bei Thomas als Definition der Situation – und das Thema ‚Individuum und Gesellschaft' – bei Mead ‚self and society'. Die enge Verflochtenheit dieser Grundfragen miteinander legt es nahe, sie gleichzeitig zu behandeln und nur den Schwerpunkt bald auf die eine, bald auf die andere zu verlagern.

Als roter Faden zieht sich durch das Forschungsprogramm von Cooley, Thomas und Mead der Versuch hindurch, das Problem der Entzweiung zwischen Subjekt und Objekt in methodisch befriedigender Weise zu lösen (Vgl. hier Kap. 1). Von Platon wurde als Lösung die geistige Welt der ‚Ideen' eingeführt, die die Kluft zwischen Subjekt und Objekt überbrücken sollte. Kant ordnete dann dem Verstand und der Vernunft je eine eigene Art der Erkenntnis zu, wobei der Verstand Objekte erfassen kann, während in die ‚reinen Vernunftbegriffe' Erkenntnisleistungen des Subjekts Eingang finden, die der empirischen Überprüfbarkeit nicht zugänglich sind. Das Denken Kants wird von Peirce und William James in den Pragmatismus eingeführt und wird wahrscheinlich auch von Ralph Waldo Emerson (1803-1882) vermittelt, den Cooley mehrfach zitiert.

Mead stellt in einer der letzten Publikationen, die zu seinen Lebzeiten erschienen sind, sein eigenes Konzept des ‚self' vor dem Hintergrund der Arbeiten Cooleys dar (G.H. Mead 1964a: 293-307). Für Cooley kann die Gesellschaft dem Individuum nicht fremd werden, solange die Personen, die die Gesellschaft tragen, einander nicht fremd werden. Die Institutionen sind mit den Gewohnheiten der Individuen identisch (Ebd.: 294). Die Individuen selbst aber werden in der sozialen Realität als die Vorstellungen wirksam, die Menschen sich voneinander machen. „Society, then (says Cooley) in its immediate aspect, is a relation among personal ideas (...) I do not see how any one can hold that we know persons directly except as imaginative ideas in the mind (...) I conclude, therefore, that the imaginations which people have of one another are the solid facts of society, and that to observe and interpret these must be a chief aim of sociology" (Ebd.).

Die harten Tatsachen oder ‚solid facts' der Gesellschaft sind demnach Vorstellungen, die Menschen sich machen, es sind Inhalte ihres Bewusstseins. Denn so entsteht Cooleys Spiegelselbst: Wir machen uns eine Vorstellung davon, wie die anderen uns sehen, und indem wir uns mit den Augen der anderen betrachten, entsteht für uns unser eigenes ‚self'. Diese Sichtweise Cooleys führt dazu, dass ‚self' und ‚other' in einer Erfahrungsebene liegen, dass eines jeweils das Medium ist, durch das hindurch das andere wahrgenommen wird, und dass der Strom des Bewusstseins beide trägt: das Individuum und seine Gesellschaft (Ebd.: 296). Das ‚self' als Subjekt ist definiert als die Vorstellungen der anderen. Damit ist die Blickrichtung umgekehrt: Nicht ich sehe auf die anderen, die mir womöglich zu fremden Objekten werden können, sondern jene anderen sehen auf mich her, und erst indem ich dies wahrnehme und mir vorstelle, welches Bild sie sich von mir machen, werde ich durch sie zum Subjekt. Eine Kluft zwischen Subjekt und Objekt braucht bei Cooley nicht überbrückt zu werden: sie entsteht gar nicht erst.

Dieser Ansatz jedoch erscheint Mead zu spirituell. Die Gesellschaft ist nicht ein Chor schwebender Geister, sondern wir haben es darin mindestens auch mit Körpern zu tun. Und ebenso wie die Gesellschaft ohne jene materielle, objektivierbare Realität nicht denkbar ist, so haben auch die ‚selves' der Individuen eine materielle, objektivierbare Seite. „Are selves psychical, or do they belong to an objective phase of experience which we set off against a psychical phase? I (Mead) think it can be shown that selves do belong to that objective experience (...)" (Ebd.: 304).

Jener objektiven Erfahrungswelt, aus der wir Daten für die Überprüfung naturwissenschaftlicher Hypothesen gewinnen, gehören für Mead die ‚selves' an. Die ‚selves' treten nämlich zueinander in Beziehung durch ‚communication of gestures', und um durch Gesten kommunizieren zu können, brauchen sie ihre Körper. Die Stimme beim Sprechen, das Kopfnicken, die Handbewegung, das Lächeln, all diese Gesten sind Synthesen aus Ausschnitten der

‚social world' einerseits und der ‚physical world' andererseits (G.H. Mead 1972b: 54). Sie sind die Medien symbolischer Interaktion.

Mead bezieht also die Körperlichkeit des Individuums als Voraussetzung für seine Teilnahme an ‚symbolic interaction' in sein Denken ein und geht davon aus, dass ‚the human organism', gleichsam als Vorbedingung für den Erwerb innerer Erfahrung, den ersten Schritt zum Erwerb seines ‚self' dadurch tut, dass er die Attitüde seines Gegenübers einnimmt. Mead schreibt: „(...) the human organism (...) assumes the attitude of another (...)" (G.H. Mead 1964a: 305). In dieser eingenommenen Attitüde, die durch sprachliche und andere Gesten empirisch fassbar wird, wendet der ‚human organism' sich an sein Gegenüber und zugleich aus dessen Perspektive an sich selbst. So werden in symbolischer Interaktion ‚selves' gebildet. „In the process of communication there appears a social world of selves standing on the same level of immediate reality as that of the physical world that surrounds us" (Ebd.).

Die Gesellschaft hat nach Meads Meinung als ‚social world of selves' den gleichen Realitätsstatus wie die ‚physical world'. Aus der sozialen Welt ergeben sich in der Interaktion der ‚selves' die inneren Erfahrungen, „and they serve largely in interpretation of this social world (...)" (Ebd.). So sind für Mead soziale Gruppen nicht reine Vorstellungen, sondern sie sind empirische Realitäten, obwohl zum Verstehen solcher Gruppen innere Erfahrung notwendig ist. Gesellschaft hat ihren Ort nicht im Bewusstsein, und man kann sie nicht durch Introspektion erfassen, aber innere Erfahrung ist wesentlich, und zwar als Voraussetzung für sinnhafte Kommunikation. Diesen verstehend-empirischen Ansatz vertritt Mead ausdrücklich mit dem Ziel, ein ‚behavioristisches' Verfahren zu ermöglichen. Er nennt die Arbeitsweisen von Thomas, Park, Burgess und Faris als Beispiele für den ‚social behaviorism', den er befürwortet (Ebd.). Cooley kritisiert er auf der Grundlage von dessen Schriften aus den Jahren 1902 und 1909, in denen der Einfluss von William James noch etwas einseitig dominiert (C.H. Cooley 1932; 1909). Dagegen hat Cooley in seinem Artikel von

1926 die Synthese mit dem Behaviorismus schon vollzogen (C.H. Cooley 1926). Das hat Mead anscheinend übersehen.

Zu der Frage, ob Gruppen reine Vorstellungen oder mit empirischer Realität ausgestattet sind, unterscheidet Mead nicht verschiedene Typen sozialer Gebilde. Im Mikrobereich sind die Primärgruppen der sinnlichen Wahrnehmung unmittelbar zugänglich, und aus diesem Bereich nehmen sowohl Cooley als auch Mead ihre Beispiele. Aber im Makrobereich sind Großgebilde wie Staat und Schicht empirisch nicht greifbar, so dass Cooleys ursprüngliche Konzeption, Gruppen und Gesellschaft als Vorstellungen zu fassen, gerade im Makrobereich der Soziologie ihre Berechtigung hat (H.J. Helle 1980: 85f; Vgl. L. Nieder 1991). Hier lag für Mead die Chance, seinen Begriff der ‚Perspektive' anzuwenden und das Handeln konkreter Individuen dadurch auf abstrakte Großgebilde zu beziehen, dass deren Perspektive zugleich als ‚subjektiv gemeinter Sinn' und als ‚objective reality' des Handelns gedeutet wird. Doch obwohl er die gedankliche Vorarbeit dafür geleistet hat, tat Mead diesen Schritt nicht.

3.4.3 Wahrnehmung und Handeln

Wenn der Einzelne die Attitüde seines Gegenübers einnimmt, sieht er aus dessen Perspektive nicht nur sein ‚self', sondern auch das eigene Tun. Aus wechselnden Perspektiven betrachtet, kann er sein Handeln im Rahmen eines großen Interaktionszusammenhangs überschauen, sich die eigene Stellung darin bewusst machen und seine eigenen Beiträge wirksamer so regeln, dass sie in das übergreifende Muster hineinpassen. So deutet Mead die Ausführung einer sozialen Handlung als Kommunikationsprozess. Darin wird durch den ständigen Austausch von Gesten (gestures) die gemeinsame Orientierung entwickelt und erhalten. Eine Geste ist für Mead jede wahrnehmbare Äußerung oder Bewegung, die einem Interaktionspartner anzeigt, welche inneren Erfahrungen der andere macht oder welche Absichten er verfolgt (T. Shibutani 1968: 83-87).

Jede Handlung kann als Geste interpretiert werden, wenn der Betrachter, der sie wahrnimmt, auf diese Handlung ihrem Kommunikationsgehalt entsprechend reagiert. Dabei hat die Sprache als Folge stimmlicher Gesten eine besondere Bedeutung. Da der Sprecher in der Lage ist, die eigene Sprache etwa in der gleichen Weise zu hören wie sein Zuhörer, kann übereinstimmendes Sprachverhalten erzielt werden. Eine Geste, die für zwei oder mehr Personen die gleiche Bedeutung (meaning) hat, nennt Mead ein ‚significant symbol‘, und Sprache besteht aus solchen ‚significant symbols‘. Die Individuen, die über längere Zeit hinweg an gemeinsamen Aktivitäten teilnehmen, entwickeln und praktizieren einen Austausch signifikanter Symbole, der ihre Zusammenarbeit ermöglicht und erleichtert.

Von den Feststellungen über die Fähigkeit zum Attitüdenwechsel und zum Austausch von Gesten und Symbolen geht Mead dann in seiner Philosophie des Handelns zu einer Handlungstheorie über: Jede Tat oder Einzelhandlung stellt nicht nur einen Teil übergreifender sozialer Zusammenhänge dar, sondern sie ist auch eine Episode im Lebens des Individuums. Meads grundlegende analytische Einheit ist die Handlung (act), die durch einen Wunsch (want) eingeleitet wird und die unter Verwendung geeigneter Elemente der Umwelt zur Befriedigung geführt werden soll.

Alle Aktivität (Handeln) kann zum Zweck der Analyse in einzelne Teilhandlungen zerlegt werden. Jede Handlung hat eine Geschichte. Sie gewinnt Gestalt, indem der Mensch eine Reihe von Anpassungsbemühungen macht, mit denen er sich den Bedingungen seiner Umwelt annähert und in denen er den ständigen Wandel seiner Umwelt berücksichtigt. Offenes, empirisch wahrnehmbares Handeln ist zumeist nur die Endphase einer Handlung. In den meisten Fällen geht dieser Endphase eine Reihe vorbereitender Anpassungen voraus, die verschiedene subjektive Erfahrungen einschließt. Eine Handlung ist teleologisch: Sie ist nicht eine bloße Folge vorübergehender Ereignisse, sondern ein gegliedertes Ganzes zur Erreichung eines Zieles. Um solche Vorgänge wissenschaftlich untersuchen zu können, schlägt Mead die Verwendung der Begriffe ‚impulse‘, ‚perception‘, ‚manipulation‘ und ‚consummation‘ vor.

Ein ‚impulse' (Antrieb) ist eine Störung, eine Beunruhigung, jeder Mangel an Übereinstimmung zwischen dem Organismus und seiner Umwelt, wie z.B. der Ärger über die Geringschätzung, von der man meint, sie würde einem zuteil, der Schmerz des Hungers oder die Angst vor einer bevorstehenden schwierigen Aufgabe. ‚Consummation' (Erfüllung) ist die Beseitigung der Störung, die Wiederherstellung des Gleichgewichts zwischen Organismus und Umwelt. In seinen Studien zur Motivation entwickelt George Herbert Mead einen Ansatz, der modernen Modellen der Spannungsreduktion ähnelt.

Zwischen Anfangs- und Endpunkt (‚impulse' und ‚consummation') der Handlung liegen ‚perception' (Wahrnehmung) und ‚manipulation' (Beeinflussung). Durch diese Prozesse werden verschiedene Aspekte der Umwelt in die Handlung einbezogen. Ein Organismus befindet sich in ständiger Wechselbeziehung zur Umwelt, und seine Aktivität wird aufgrund der unaufhaltsamen Folge von Sinneswahrnehmungen immer wieder neu orientiert. Die Wahrnehmung ist notwendig selektiv: Nicht alles, was der einzelne in seiner Umwelt potentiell wahrnehmen könnte, nimmt er auch tatsächlich wahr. Eine Person ist besonders sensibilisiert hinsichtlich der Wahrnehmung von Hilfsmitteln aus der Umwelt, die sie in den Stand versetzt, die einmal begonnene Aktivität erfolgreich zu Ende zu führen. Sowohl ‚perception' (Wahrnehmung) als auch ‚manipulation' (Beeinflussung) beruhen auf Hypothesen: Das Individuum nähert sich einem Objekt so, wie es seinen Erwartungen an jenes Objekt entspricht.

Eine Person antizipiert das, was geschehen würde, wenn sie auf das Objekt zugehen und es berühren würde. Das Kind ist noch dabei, sich in die Fähigkeit der Antizipation einzuüben. Darum will es alle ihm begegnenden Gegenstände tatsächlich berühren. Der erwachsene Mensch dagegen, der diese Erfahrungen alle schon gemacht hat, erspart sich die Ausführung jener einzelnen Akte, die er mit Zuverlässigkeit antizipieren kann. Für ihn kann Wahrnehmung an die Stelle des tatsächlich ausgeführten Handelns treten. Aus diesem Grunde bezeichnet Mead Wahrnehmung als komprimierte oder in sich zusammengeschobene Handlung. Was der einzelne wahrnimmt, hängt also davon ab, was er antizipiert. Dabei leuchtet ein, dass jeder Antizipationsvorgang Ergebnis individueller Erfahrung ist.

Die Anwendungsmöglichkeiten dieser Handlungs- und Wahrnehmungstheorie in der Soziologie sind vielfältig: Bei der Interaktion zweier Individuen im Alltagshandeln liegen der ‚perception', die sie wechselseitig voneinander haben, ihre vorhergehenden Erfahrungen und ihre aktuellen Antizipationen zugrunde. Die Antizipation kann dabei entweder auf Kontakten beruhen, die der betreffende einzelne tatsächlich mit analogen Rollenträgern gehabt hat, oder auch auf tradierten Vorstellungen, die in mehr oder weniger großer Distanz zur empirischen Wirklichkeit im Wege der Kommunikation weitergegeben worden sein können. Die Antizipation oder Erwartungshaltungen haben so jeweils den Charakter von Hypothesen, die im Prozess der ‚manipulation' (Beeinflussung) auf ihre Richtigkeit überprüft und entweder bestätigt oder falsifiziert werden können. Dieser wichtige Vorgang der Überprüfung hypothetischer Antizipationen durch ihre Konfrontation mit der empirischen Wirklichkeit ist das, was Mead ‚manipulation' (Beeinflussung) nennt.

Die Hypothesen, die sowohl dem Prozess der ‚perception' (Wahrnehmung) als auch dem der ‚manipulation' (Beeinflussung) zugrundeliegen, werden von dem Sinn der Objekte abgeleitet. Für den Pragmatisten Mead stellt sich Sinn zunächst als Eigenschaft menschlichen Verhaltens dar und erst in zweiter Linie als Eigenschaft der Objekte. Sinnhaltig sind stabile Beziehungen zwischen einem Organismus und einer Klasse von Objekten. Durch den Umgang mit den Dingen wächst also aus der Handlung dem Objekt ein Sinn zu. Ein Objekt, mit dem kein Subjekt Umgang hat, ist aus dieser Sicht bedeutungslos. Das gilt vor allem für das Symbol als einem sinnhaltigen Objekt, dem erst aufgrund seiner besonderen Handlungsrelevanz eine symbolische Bedeutung zugewiesen wird.

Physische Eigenschaften der Dinge sind insoweit wichtig, als sie der Handlungsmöglichkeit Grenzen setzen. Außerdem unterliegt Sinngebung der sozialen Kontrolle, insofern die zu erwartenden Reaktionen anderer Personen eine zusätzliche Restriktion der Verwendungsmöglichkeiten darstellen. Nähert man sich z.B. heiligen Objekten, ohne in seiner Haltung die gehörige Demut und Andacht zum Ausdruck zu bringen, so können daraus scharfe soziale Sanktionen derer resultieren, die diese Objekte für heilig halten. Solche und ähnliche Erwartungen, die sich auf die Reaktionen anderer Menschen beziehen, werden in die Planung und Gestaltung der Handlung als Antizipation, Erwartungshaltung oder Hypothese einbezogen. Durch Handeln wird Wirklichkeit immer wieder zu einer Ordnung aus Objekten rekonstruiert, aber zukünftiges, daran anknüpfendes Handeln überprüft die Wirklichkeitsangemessenheit der so konstruierten ideellen Wirklichkeit und führt dadurch zu immer neuen Rekonstruktionen. Hypothesen, die sich als unzuverlässig herausgestellt haben, werden verworfen, und Objekten, also dem, was zur Vollendung der Handlung nötig ist, wird aufgrund des Umgangs mit ihnen aus dem aktuellen Handeln heraus ein neuer Sinngehalt aufdefiniert. Das Aufdefinieren von Sinngehalten geschieht typischerweise in weihenden oder entweihenden Handlungen. Eine Person oder ein Gegenstand kann durch eine Weihe geheiligt werden, kann sodann aber durch entweihende Handlungen wieder profanisiert werden.

Ist eine Handlung einmal eingeleitet, so schreitet sie im allgemeinen zum Stadium der ‚consummation' (Erfüllung) fort. Eine der wichtigen Annahmen des Pragmatismus besagt, dass das Denken eine verborgene Form des Handelns darstellt, die stattfindet, wenn offene Aktivität unterbrochen wird. Die Unterbrechung oder Störung kann durch einen äußeren Einfluss verursacht sein. Sie kann aber auch auf einer Unfähigkeit des Organismus (Krankheit) oder auf dem Fehlen der notwendigen Hilfsmittel (Material, Werkzeuge) beruhen. Wird eine Handlung unterbrochen, so findet eine Reihe subsidiärer Anpassungen statt, etwa die in ausweglos erscheinenden Situationen typische Mobilisierung emotionaler Energien oder eine bewusste Reflexion der Situation, so dass durch Anpassung schließlich die unterbrochene Handlung doch noch vollendet werden kann.

Jeder ‚impulse' (Antrieb), der nicht sofort der Vollendung und Erfüllung zugeführt wird, unterliegt der Transformation in ein Bild oder ‚image', welches für die Reflexion zur Grundlage wird. ‚Images' (Bilder) sind Leistungen, die kein offenes physisches Verhalten hervorbringen, die aber so viel nervliche Kraft mobilisieren und verbrauchen, als würden sie offen ausgeführt, obwohl sie verborgen als intrapersonales psychisches Phänomen ablaufen. Jedes ‚image' (Bild) kann als Handlungsplan gedeutet werden, da es einen möglichen Weg zur Vollendung und Erfüllung des unterbrochenen Handelns darstellt. Ein verwirrtes Individuum erlebt eine Reihe von Bildfolgen, und das reflektierende Denken wird zu einer Generalprobe des Handelns in der Phantasie, zu einem Vergleich und einer Bewertung alternativer Wege zur ‚consummation' (Erfüllung). Denken kann verstanden werden als die Fähigkeit, die Konsequenzen von vorgestelltem Handeln zu antizipieren und sich auf sie wie beim Schachspiel auf den Zug des Gegners schon einzustellen, ehe man sich dem offenen Handeln hingegeben hat. Denken ist so gesehen Problemlösungshandeln, bei dem in der Vorstellung spielerisch experimentiert werden kann.

Sobald ein Mensch einer Sprache mächtig ist, werden ‚images' (Bilder) und Objekte mit Wortsymbolen bezeichnet. Alternative Handlungspläne werden etikettiert, und ihre Konsequenzen werden verbal überprüft. Das Bewusstsein stellt sich dann als innerer sprachlicher Dialog dar. Zwar ist das Denken eine innerindividuelle Erfahrung, aber es findet mit Hilfe von sozial signifikanten Symbolen statt. Insoweit in den überindividuellen Kategorien der Sprache gedacht wird, stellt das Denken ein Handeln dar, das vom Standpunkt des ‚generalized other' gestaltet und kontrolliert wird.

Durch die Verwendung von Wortsymbolen kann man Bedeutungen auch außerhalb des Sinnzusammenhangs verändern, aus dem sie hervorgegangen sind, und man kann komplexere Sinnzusammenhänge aufbauen. Vorausschau und Planung werden in erheblichem Maße erleichtert. Mit Hilfe von Wortsymbolen kann man bestimmte Erfahrungen isolieren und sie festhalten, kann bestimmte für wichtig erachtete Bedeutungen auswählen oder ein bestimmtes ‚image' betonen, während man ein anderes unbeachtet lässt. Sprache ermöglicht auch das Aufstellen komplexer Pläne, Handlungsschemata, innerhalb derer selbst antagonistische Handlungsrichtungen trotz der bestehenden Widersprüche einander zugeordnet werden können, so dass eine Abfolge von Tätigkeiten ausgeführt werden kann (Ebd.).

Mit der Bedeutung des Symbols für menschliche Interaktion hat Mead sich ausdrücklich in einem Aufsatz über das ‚significant symbol' auseinandergesetzt (G.H. Mead 1922): „Das signifikante Symbol ist die Geste, das Zeichen, das Wort, welches sich an ein anderes Individuum richtet und welches diesem anderen Individuum zugewandt wird, ja welches der Form nach allen Individuen zugewandt wird, wenn es sich an das ‚self' wendet" (H.J. Helle 1980: 35). Ob also von einem signifikanten Symbol gesprochen werden kann, hängt für Mead nicht von dem Inhalt der Nachricht ab, sondern davon, ob die Nachricht den Charakter einer Mitteilung „an alle" hat. Dabei bleibt selbst derjenige einzelne nicht ausgeschlossen, von dem die Nachricht ausgeht. Wenn z.B. ein Soldat die Fahne seiner Einheit hochhält, um den Kampfesmut seiner Kameraden zu stärken, so stärkt er damit zugleich auch sich selbst. Er handelt und reagiert also in einer Doppelrolle: Einmal als ‚Sender' einer symbolischen Nachricht, sodann als deren ‚Empfänger', wobei er in der Empfängerrolle die gleiche Reaktion hervorbringt, sei es innerlich als Bewusstseinshaltung, sei es äußerlich als physisches Handeln, die auch alle anderen Mitglieder des gleichen Interaktionszusammenhangs hervorbringen müssen, wenn sie das signifikante Symbol so wahrnehmen, wie es gemeint war.

Mead bestimmt menschliches Handeln als die Summe der Reaktionen, die das Individuum in der Auseinandersetzung mit seiner Umwelt bewirkt, und zwar insbesondere jener Reaktionen, die sich auf Objekte richten, welche durch die Beziehung des Menschen zu seiner Umwelt aus der physischen Umwelt ausgesondert und Teil der sozialen Welt geworden sind. Da das Handeln als Summe der Reaktionen auf die Umwelt bestimmt ist, hängt es vom Charakter seiner Umwelt ab. Symbole haben allgemein die Wirkung, die Umwelt des Menschen so zu erweitern, dass sein Freiheitsspielraum wächst. Zu der vorgegebenen physischen Umwelt tritt die kulturelle symbolische Umwelt hinzu. In diesem Sinne produziert der Mensch seine eigene Umwelt mindestens zum Teil. Die kulturelle Definition eines Objekts zu Zeichen oder Symbol ist also gleichbedeutend mit Umweltproduktion oder Umwelterweiterung.

3.4.4 Sozialisation als Perspektivenerwerb

Ein Mensch wird nicht mit der Fähigkeit zum Denken und zur Selbstdisziplin geboren (T. Shibutani 1991: 183-194). Diese Fähigkeiten entwickelt das Kind erst allmählich, indem es sich im Prozess der Sozialisation auf das Leben in sozialen Gruppen vorbereitet. Sinn und Bedeutung von Objekten und Gesten sind das Ergebnis von Erfahrung. Die Weisen des Umgangs mit Dingen und Personen und der Handhabung der Sprache werden weitgehend geprägt durch die Reaktionen der Eltern und älteren Menschen, die das Kind erziehen, es lehren, ihm als Vorbild dienen, und die anerkannten Verhaltensformen durch Sanktionen bekräftigen (T. Shibutani 1991: 86).

Beim Spielen (play) übernehmen die Kinder spezifische Attitüden von Personen, die ihnen bekannt sind: von der Mutter, dem Briefträger, der Verkäuferin. Indem sie spielen, lernen sie, die Perspektive anderer zu übernehmen. Durch ständig wiederholte Übernahme solcher Perspektiven entsteht im Kind eine Orientierung sich selbst gegenüber, in der es als ‚self' bestimmter Art erscheint.

Wirksame Selbstkontrolle jedoch entwickelt sich erst in einem Spiel (game) oder einem ähnlichen sozialen Geschehen, das kontinuierliche Kooperation voraussetzt. In Wettspielen werden die Reaktionen anderer organisiert, und das soziale Handeln verläuft gemäß bestimmten Regeln. Der kooperative Beitrag, den jeder einzelne leisten soll, wird in eine unpersönliche Rolle hinein standardisiert, etwa in die Rolle des Torwarts. Erfolgreiche Teilnahme an dem Spiel (game) fordert von den einzelnen die Fähigkeit, sich selbst vom Standpunkt mehrerer anderer Positionen aus zu sehen. Der mitspielende Einzelne soll möglichst in der Lage sein, sich mit den Augen eines jeden anderen Mannschaftsmitgliedes zu sehen und zu beurteilen. Durch das Wiederholen dieser Erfahrung lernt das Kind allmählich, sich selbst aus der Sicht einer Perspektive zu betrachten, die allen Teilnehmern gemeinsam ist und die Mead als ‚generalized other' bezeichnet, eine Perspektive also, die die Individualsicht der Teilnehmer transzendiert (Ebd.).

Obwohl Mead die Überzeugung vertrat, dass der Mensch unlösbar in Gruppen verflochten ist, betonte er doch die Bedeutung der Individualität. Zwar ist jeder Mensch, wie Durkheim es auch gesehen hatte, für Mead ein Resultat gesellschaftlicher Einflüsse; er erhält aber seine besondere Einmaligkeit dadurch, dass er den Standpunkt der Allgemeinheit, die Perspektive des ‚generalized other' also, mit seiner eigenen Sicht in einzigartiger Weise verbindet. Indem der Mensch die Fähigkeit entwickelt, gedanklich mit sich selbst Kommunikation zu pflegen und dabei seine ihm eigene Kombination von objektiver Perspektive und subjektiver Sicht zu schaffen, erwirbt er Unabhängigkeit und Individualität. Zugleich wächst mit erfolgreichem Perspektivenerwerb durch den einzelnen dessen Intelligenz. Unter Intelligenz versteht Mead eine Aktivität, die sich ergibt, wann immer ein Organismus diese Welt als mehrdeutig und daher fragwürdig erlebt. Was als mehrdeutig oder problematisch erlebt wird, lässt sich nur vor dem Hintergrund dessen entscheiden, was jeweils als bekannt und selbstverständlich gilt. Das aber ist weitgehend eine Frage der Definition und damit der sozialen Umwelt des Individuums.

Wir wissen aus Meads Kongress-Vortrag, dass das zu sozialisierende Individuum erst durch die Übernahme der sozialen Perspektive einer Gruppe zu objektiver Wahrnehmung fähig wird. Da es auch sich selbst zuverlässig und objektiv wahrnehmen möchte, betrachtet es sich mit den Augen jener Gruppe, die ihm die Übernahme einer sozialen Perspektive ermöglicht. Hier liegt bei Mead der Ansatz zu einer symbolisch-interaktionistischen Bezugsgruppentheorie, wie Tamotsu Shibutani sie später entwickelt hat. Durch seine Identifikation mit der Gruppe in der Wahrnehmung seiner selbst ist der einzelne zunächst für sich ein ‚Anderer' geworden, um daraufhin dann auch für sich ein ‚Selbst' werden zu können.

Das Prinzip des Attitüdenwechsels, das bei Mead mit dem Terminus ‚role taking' angesprochen wird, schafft die Voraussetzung nicht nur für den intersubjektiven Dialog von Mensch zu Mensch, sondern zugleich auch für den intraindividuellen Dialog, für die Reflexion, das Selbstgespräch also. Der Mensch braucht nicht mehr nur auf physische Reize zu reagieren, er kann im internen Dialog seine eigene Situation analysieren, interpretieren und daraufhin überlegte und in ihren Konsequenzen abschätzbare Handlung unternehmen. Dies kann der sozialisierte Mensch deshalb, weil er Gesellschaft in sich aufgenommen hat, weil die innere Struktur seines Selbst ‚sozial‘ ist, weil sie den Dialog zwischen zwei Kontrahenten vorsieht: dem ‚I‘ und dem ‚me‘.

In Freiheit erfolgendes Handeln gewinnt Gestalt in einer Folge von Anpassungen, mit denen das handelnde Subjekt sich sowohl auf sich selbst als auch auf die übrigen an seinem Erfahrungshorizont beteiligten Subjekte einstellt. Um diesen Prozess theoretisch erfassen zu können, schlug Mead die Konzepte des ‚I‘ und des ‚me‘ vor. Diese Begriffe beziehen sich aber nicht auf Subjekte, sondern auf Phasen des Handelns. Das ‚me‘ ist das Bild, das man sich von sich selbst macht, wenn man sich vom Standpunkt seiner Alltagsumwelt aus betrachtet. Das ‚I‘ dagegen ist die Reaktion des einzigartigen Individuums in einer bestimmten historischen Situation so, wie der Betreffende selbst sie wahrnimmt. Typische Neigungen zu handeln, sind von Person zu Person verschieden. Aber selbst im Rahmen der Erfahrungen einer einzelnen Person entsteht Individualität erst als eine Abfolge verschiedener ‚I‘s, die sich in der jeweiligen Konfrontation mit der einmaligen historischen Situation herausbilden (G.H. Mead 1952: 135ff).

Lässt das Individuum Einstellungen anderer in sich lebendig werden, so gelangt es zur Selbsterkenntnis dadurch, dass der interne Meinungsaustausch zwischen ‚I‘ und ‚me‘ einsetzt. Das ‚me‘ entsteht durch Aktivierung und Vitalisierung der Perspektive anderer im Inneren des Individuums. Das ‚I‘ ist dann die Reaktion des spontanen Individuums auf die nicht immer bequemen Erwartungen der anderen. Zu dem Modell des Dialogs gehört als Voraussetzung das Vermögen des ‚self‘, sich zu erinnern. Es sammelt aufgrund der Erinnerungsfähigkeit Erfahrungen mit seinem eigenen ‚I‘, das es immer wieder mahnen muss, sich doch den Erwartungen der anderen, die das ‚me' vertritt, zu unterwerfen. Das ‚me' ist gleichsam Sprachrohr der Gesellschaft im ‚self', während das ‚I' freie Initiativen und innovatorisches Verhalten ermöglicht. Seiner Spontaneität entspricht die Flüchtigkeit seines Auftretens: Kaum meldet es seine Ansprüche an, schon wird es als Erinnerung an diesen oder jenen emotionalen Impuls und dessen Verarbeitung Bestandteil des ‚me' (Zur Diskussion und Kritik vgl. auch H.P. Becker 1950: 19ff; W.L. Kolb 1944). Mit Hilfe dieser Konzeption des ‚I' und des ‚me' ist Mead nun in der Lage, sich das Handeln des Menschen als Interaktion zwischen dem ‚I' und dem ‚me' vorzustellen. Dabei betont er, dass sich menschliches Handeln in einer Reihenfolge von Konfrontationen mit unterschiedlichen Situationen abspielt.

Wenn ein ‚impulse' (Antrieb) des ‚I' sofort in eine Handlung überführt wird, ereignet sich seine Transformation in ein ‚image' (Bild) des ‚me', welches wiederum eine neue Reaktion des ‚I' provoziert. Wenn z.B. ein Mann der Überzeugung ist, dass seine Ehefrau sich über seine Anstrengungen lustig macht (‚me'), so verspürt er vielleicht den Drang, sie zu schlagen (‚I'). Wenn er das nun aber tatsächlich doch nicht tut, sondern sich nur vorstellt, wie er seine Frau schlägt (‚me'), sieht er sich dabei vom Standpunkt jener Menschen, die es missbilligen, wenn ein Ehemann seine Frau schlägt. Indem er sich mit diesen potentiellen Kritikern identifiziert, muss er auf seine Neigung, seine Frau zu verprügeln, mit Abscheu reagieren (‚I'), und dadurch wird der Weg zur Vollendung seiner Handlung blockiert. Frustriert und verletzt (‚me'), reagiert er womöglich mit dem Entschluss, sein Können und seine Fähigkeit durch eine außerordentliche neue Leistung unter Beweis zu stellen (‚I') (T. Shibutani 1968: 86).

In einem ständigen Dialog zwischen ‚I' und ‚me' pendelt sich das Handeln des Menschen ein, wobei immer der spontane Wille des ‚I', auf eine konkrete Situation zu reagieren, sich anpassen muss an die Vorstellung von dem kontinuierlichen Bild, das von dem Betreffenden gleichsam in der öffentlichen Meinung angetroffen werden kann.

William L. Kolb hat die beiden Konzepte ‚I' und ‚me' bei Mead kritisiert (W.L. Kolb 1972: 253-261). Da Mead sich bemüht, die Soziogenese der Persönlichkeit zu erklären, leitet er das Verhalten des Individuums aus den Erwartungen anderer ab, insbesondere aus den Erwartungen von Gruppen. Die internalisierten Erwartungen nennt er ‚me'. Damit hat er Konformität erklärt, doch jene Kräfte, die zu Abweichungen von sozialen Normen und zu sozialem Wandel führen, bleiben – so meint Kolb – unberücksichtigt. Nach Kolbs Ansicht hat Mead das ‚I' als Residualkategorie eingeführt, ohne es inhaltlich genau bestimmen zu können. Neben Kolb haben freilich Howard P. Becker und viele andere Autoren sich mit den Möglichkeiten und Grenzen befasst, die mit den Konzepten des ‚I' und des ‚me' bei Mead gegeben sind (H.P. Becker 1950: 19ff. Howard Becker (1899-1960), den man zur Vermeidung von Verwechslungen mit dem um eine Generation jüngeren Howard S. Becker meist als Howard P. Becker zitiert, studierte 1926/27 in Köln bei Leopold von Wiese und Max Scheler. Beide sind die Autoren von: L. von Wiese und H. Becker, Systematic Sociology, New York 1932. Einflussreicher war in den USA das Buch: Harry Elmer Barnes und Howard Becker, Social Thought from Lore to Science, Boston: D.C. Heath and Company, 1938.).

Auch die Studenten, die Mead 1928 in Chicago zuhörten, erlebten offenbar einige Unklarheiten im Zusammenhang mit Meads ‚I' und ‚me'. Jedenfalls verzichtete Mead am 1. März 1928 auf die Fortsetzung der üblichen Vorlesung und nutzte die ganze Zusammenkunft für die Beantwortung von Fragen seiner Hörer (G.H. Mead 1928):

Question: How do you explain the type of divergent „I" and „me," where it diverts from the standard of the „me?"

Mead: You can have that sort of type which is pathological in character, that is, one which isn't able to belong to the community within which it finds itself. It would be abnormal in that sense, [i.e., that] in a community which calls for a certain set of cooperative activity, and the individual doesn't carry out his part in the activity. Now, that divergence instead of being an expression of abnormality might be that of the genius, [of] divergence in that sense. The individual is so different without being abnormal that he is able to get a standpoint of [the] reconstruction of society which will take place.

Question: Considering the force of the „me" it is not clear to me how this individual arises.

Mead: I say that such an individual of the type to which we are referring arises always with reference to a form of society or social order, some phase of social order, which is implied but not adequately expressed. You take the religious genius, such as that of Jesus, Buddha, or the type such as that of Socrates. What has given them their unique importance is that they have taken the attitude of living with reference to a larger society. That larger state was one which was already implied more or less in the institutions of the community in which they lived. They have been able to act upon that. Such an individual is divergent from the point of view of what we would determine [as] the prejudices of the community; but in another sense he expresses the principles of the community more completely than any other. So you get the situation of the Athenian, a Grecian, a Hebrew stoning the genius although they do express the principles of their own society (...).

It may be that this larger society is one that isn't realized, so that the setting up, as in religious terms, the sort of setting up a problem rather than full realization [serves the function]. The Sermon on the Mount is, as we say, a challenge set up to the community in which there are individuals who do act on the basis of that neighborliness. It takes a long period of development in which you can work out an organization of society in which that is possible. A genius in such a case is a man who is able to order his own life in such a way that he does live on that basis and becomes an example, if you like, of the sort of being that might be from the point of view of the goal toward which we are going (Ebd.).

3.4.5 Grundlagen sozialwissenschaftlicher Erkenntnisgewinnung

Wie hier zu zeigen versucht wurde, hat Mead in der Tradition des philosophischen Pragmatismus der USA Wahrnehmen und Handeln miteinander verknüpft: Er definiert den Gegenstand, der wahrgenommen wird, als Verdinglichung jener gedachten zukünftigen Handlungen, die sich auf eben diesen Gegenstand richten. Die Bedeutung, die eine Person oder eine Sache demnach für den einzelnen hat, ist mit der Summe all dessen identisch, was er damit zu tun beabsichtigt. Wahrnehmung geschieht nicht isoliert draußen an dem Objekt, das etwa, wie im Positivismus, unabhängig von dem Wahrnehmenden mit seinen spezifischen Qualitäten existiert. Sie ist auch nicht ein isolierter Vorgang im Inneren des Gehirns eines Menschen, wo objektive Sinneseindrücke registriert werden, vielmehr ist sie für Mead nur vorstellbar als lebendige Interaktion zwischen dem, was erkannt werden soll und dem, der als Subjekt erkennen will. Somit ist Wahrnehmung von Handeln umgeben, und Meads Theorie der Wahrnehmung wird durchsichtig erst im Zusammenhang seiner Handlungstheorie (G.H. Mead 1972b: „Any object is thus always an expression of a peculiar relation between itself and the individual, but it is an objective relation").

Mit der Verknüpfung von Erkennen und Handeln bringt Mead den Grundansatz des philosophischen Pragmatismus in die TSI ein. Seine erkenntnistheoretische Position ist damit gegenüber dem Positivismus abgegrenzt, der die Qualitäten der Objekte als unabhängig vom Erkenntnisprozess gegeben annimmt, so dass sie nur aufgefunden zu werden brauchen. Zugleich ist die Abgrenzung gegenüber einem spekulativen Idealismus wirksam vollzogen, der eine Erkenntnisgewinnung unabhängig von der Bezugnahme auf die empirische Wirklichkeit zulassen würde. Bei Mead und nach ihm bei den Vertretern der TSI ist Wahrnehmung in Handeln eingebettet.

In seiner ‚Philosophy of the Act' beschäftigt Mead sich mit dem ‚Wesen wissenschaftlichen Denkens' (G.H. Mead 1972b: 45-62). Er verbindet seine Vorstellung von wissenschaftlichem Wissen mit der Qualität der Sozialkontakte insofern, als Wissenschaft die Aufgabe hat, nach etwas zu suchen, das aufgrund der Verhaltenskonflikte zwischen den Menschen unzugänglich geworden ist. Gestörte soziale Beziehungen zwischen Menschen sind also bei Mead von Anfang an eine der Ursachen dafür, dass Bemühungen um die Gewinnung wissenschaftlichen Wissens angestellt werden müssen. Zugleich liegt die Verknüpfung zwischen sozialer Problematik und wissenschaftlichem Wissen auch darin, dass die Suche nach Erkenntnis motiviert wird durch den Wunsch, zwischenmenschlichen Antagonismus mit Hilfe neuer Erkenntnisse zu mindern oder zum Verschwinden bringen zu können (Ebd.: 45).

Zum Verständnis der erkenntnistheoretischen Position Meads sind drei Punkte wichtig:

1. Zwar mag es aufgrund sozialer Konflikte geschehen sein, dass die Menschen das Wissen von den Möglichkeiten einer konfliktfreien Gesellschaft verloren haben, aber eine Gewinnung dieses Wissens durch Rückerinnerung an Vergessenes allein ist nicht denkbar, denn die Gesellschaft wandelt sich. Es müssen also Erkenntnisse über neue Verhältnisse gewonnen werden.

2. So, wie das Verfahren der Erinnerung an Vergessenes ausscheiden muss, muss auch das Verfahren der Auffindung von schon Vorhandenem ausscheiden. Die Annahme, dass eine wirkliche Welt existiere, deren Existenz unabhängig sei von den Techniken, mit denen wir uns wissenschaftliche Erkenntnisse über sie verschaffen, ist positivistisch und daher für Mead unannehmbar. Wenn Wahrnehmung die Interaktion ist zwischen mir, der ich erkennen will, und dem, was ich erkennen will, dann konstituiert sich der Gegenstand der Erkenntnis erst im Wahrnehmungsprozess, und Erkenntnis kann folglich gewiss nicht gewonnen werden durch Auffinden und unbeteiligtes Registrieren von schon Vorhandenem.

3. Bei der Entwicklung von Regeln für die Verknüpfung von Einzelerkenntnissen zu zusammenhängenden Einsichten muss mit äußerster Behutsamkeit vorgegangen werden. Comte hatte die Meinung vertreten, Naturgesetze, welche sich als Ordnung des physischen Universums auffinden lassen, seien als Regeln für die Ordnung auch sozialer Verhältnisse anwendbar. Dieser Gedanke einer Übertragbarkeit von Gesetzmäßigkeiten aus der unbelebten Natur in den Bereich von Gesellschaft und Kultur hinein ist mit der Ablehnung des positivistischen Programms schon verworfen worden. Aber auch die idealistische Gegenposition weist Mead zurück: die Regeln der Logik finden An-

wendung auf die Ordnung menschlichen Denkens. Mead sieht keine Berechtigung dafür, Regeln für das menschliche Denken auf den Erkenntnisgegenstand des Sozialwissenschaftlers zu übertragen. Warum sollen Einzelheiten dessen, was wir als Soziologen erkennen möchten, nach den gleichen Regeln miteinander verknüpft sein, wie wir es in der Logik für unser menschliches Denken konstruiert haben? Das, was zu erkennen uns aufgegeben ist, und die Erkenntnisgegenstände, die sich nach Mead erst im Handeln konstituieren, sind nach anderen Regeln geordnet als das Denken des Menschen! (Ebd.: 45f: „Logical necessity obtains in the field of reflective thinking. To transfer it to the world that is there... would be... to run to the science of dogma." Ganz ähnlich auch Georg Simmel. Vgl. dazu: H.J. Helle 2001: 102).

Diese Gratwanderung Meads zwischen den erkenntnistheoretischen Positionen eines positivistischen Realismus einerseits und eines spekulativen Idealismus andererseits birgt in sich die Gefahr, im Naturalismus zu enden. Tatsächlich glaubt Zijderveld, in dem Ansatz von Herbert Blumer naturalistische Züge nachweisen zu können (A.C. Zijderveld 1975: 204). Gemeint ist damit eine Position, die im Grunde als Variante des Positivismus in das Denken des Menschen stets nur Konzepte Eingang finden lässt, die aus der gegebenen Wirklichkeit auftauchen. Ich meine aber, dass sich in Meads ‚Philosophy of the Act' zeigen lässt, wie er dieser Gefahr vorbeugt. Er lässt nämlich als Quelle wissenschaftlicher Erkenntnis und als Inhalte wissenschaftlichen Denkens keineswegs nur solche Einsichten zu, die durch unmittelbare Erfahrung gewonnen wurden.

Die Formulierung einer Hypothese als Ergebnis kreativer gedanklicher Verknüpfungen, d.h. solcher, die der empirischen Wirklichkeit so nicht entnommen werden konnten, stellt eine zweite Quelle wissenschaftlicher Erkenntnis dar. Sie produziert freilich subjektive Einsichten, sie führt zur Schaffung von ‚Idealobjekten'. George Herbert Mead gesteht also als Inhalt von wissenschaftlicher Erkenntnis zu, dass darin sowohl die aus unmittelbarer Erfahrung gewonnenen Einsichten ihren Platz haben, die zu Erfahrungsobjekten werden, als auch gedankliche Konstruktionen, die er Idealobjekte nennt. Erfahrungsobjekte und Idealobjekte haben nebeneinander ihren Ort im Bewusstsein der Individuen. Der entscheidende Unterschied zwischen beiden ist dabei der, dass das Idealobjekt seinen Ort nur im Bewusstsein von Menschen hat, während das Erfahrungsobjekt seinen Ort auch in der Welt hat, die uns erfahrbar vorgegeben ist, und aus der wir durch interagierendes Handeln Erkenntnisse entnehmen können, die zu solchen Erfahrungsobjekten werden.

Mead warnt nachdrücklich vor einer Verwechslung dieser beiden Formen menschlichen Wissens. Sie könnte z.B. dadurch erfolgen, dass man sich einprägt: die Idealobjekte sind mit menschlicher Existenz verknüpft, während die Erfahrungsobjekte unabhängig von menschlichem Denken in der Welt da draußen ihren Platz haben. Dies genau trifft nicht zu: Wenn man sich die erkenntnistheoretische Ausgangsposition des Pragmatismus stets gegenwärtig hält, nach der Wahrnehmung nur als Handeln möglich ist, dann ergibt sich, dass das Erkenntnisobjekt in Wahrnehmungsakten entsteht, an denen jeweils spezifische Individuen beteiligt sein müssen. Wahrnehmung und damit die Gewinnung von Erfahrungsobjekten ereignen sich in den konkreten Lebensläufen spezifischer Individuen und haben darum einen Realitätsstatus, der sie auch mit konkreten Personen verbunden sein lässt, ohne aber ihre Unterscheidbarkeit von Idealobjekten aufzuheben. Ihren Ort im Bewusstsein von Menschen haben also sowohl Erfahrungsobjekt als auch Idealobjekt. Der Unterschied liegt darin, dass das Idealobjekt nur im Bewusstsein des Menschen auffindbar ist, während das Erfahrungsobjekt sowohl im Bewusstsein des Menschen als auch in der durch interagierendes Handeln geschaffenen und danach objektiv gegebenen Wirklichkeit vorliegt.

Mir scheint diese Unterscheidung von erheblicher Bedeutung. Übrigens bezeichnet Mead im Original das, was wir Idealobjekt genannt haben, als „ideal object". Was wir hier als Erfahrungsobjekte bezeichnet haben, nennt Mead einfach „experiences" (G.H. Mead 1972b: 46f). Die Zweiteilung ist nicht nur wichtig im Hinblick auf einen Vergleich mit dem Idealtyp Max Webers, sondern schon im Hinblick auf die Erzielung von differenzierteren Diskussionen und präziserem Denken bei uns allen. Es wäre daher nützlich, diese Unterscheidung jeweils genau vorzunehmen. Handelt es sich bei den Konzepten, die wir in unserer soziologischen Wissenschaftssprache in Wort und Schrift verwenden, um Idealobjekte, die wir möglicherweise in Zusammenarbeit mit anderen gedanklich konstruiert haben, ohne dass ein empirischer Bezug vorhanden wäre, oder handelt es sich um Erfahrungsobjekte, die in lebendig interagierendem Handeln zwischen der Wirklichkeit und uns gewonnen wurden? Diese Frage immer wieder mit großer Strenge und Sorgfalt zu stellen, wäre ein wichtiger methodischer Fortschritt in der Soziologie.

Eine weitere zentrale Frage lautete für Mead, warum im Bewusstsein des Menschen bestimmte Dinge miteinander verknüpft werden und andere nicht. Der Begriff der Assoziation führt zu keiner brauchbaren Antwort auf diese Frage. Das zeigen gerade der Versuch Pawlows mit dem Hund und das Experiment mit dem Baby und der weißen Maus (G.H. Mead 1972a: 390ff). Mead schlägt daher vor, von der Annahme auszugehen, dass die Verknüpfung bestimmter Einzelheiten im Bewusstsein der Menschen Folge ihrer Interessenskonstellationen ist. Die Thematik im Umkreis von ‚Erkenntnis und Interesse' taucht also hier schon 1936 in einer Publikation aus dem Nachlass von George Herbert Mead auf (Ebd.: 386).

Mead beschränkt sich aber nicht auf die Unterscheidung zwischen Dingen, die uns interessieren und solchen, die uns nicht interessieren. Im Anschluss an James unterscheidet er vielmehr einen Bereich, der gleichsam im Scheinwerferlicht unserer Aufmerksamkeit liegt, von einem anderen Bereich, der eine Randzone der Erfahrung darstellt und insofern zwar von geringerer Wichtigkeit, aber dennoch der Erfahrung nicht völlig entzogen ist. Denn wann immer man seine Aufmerksamkeit auf das Zentrum eines vorliegenden Gegenstands richtet, nimmt man doch gleichzeitig auch Randzonen wahr. Sie gleichfalls zu berücksichtigen ist wichtig für die möglichst umfassende Erkenntnis und Bewertung der eigentlichen Kernsituation. Der Randbereich ist also darum wichtig, weil das um Erkennen bemühte Individuum ihn braucht, um die im hellen Scheinwerferlicht seiner Aufmerksamkeit liegenden Einzelheiten in ihren Zusammenhang richtig einordnen und das Ganze daher richtig interpretieren zu können. Was Mead hier vorträgt, ist gleichsam eine hermeneutische Position. Es ist ja eine der Grundregeln jeder Form von Hermeneutik, immer das Einzelne nur im Zusammenhang interpretieren zu sollen. Die einzelne Stelle bei Platon oder Aristoteles wird verständlich aus dem größeren Zusammenhang heraus, und der Bibelvers darf in der Exegese nur so gedeutet werden, dass er der Bibel als ganzer nicht widerspricht.

Die Verknüpfung von Erkenntnis und Interesse einerseits und die Wahrung des Prinzips hermeneutischen Verstehens andererseits sind wichtige Kennzeichen der Position von George Herbert Mead. In seiner Auseinandersetzung mit dem Behaviorismus wendet er diese Grundsätze an, wenn er danach fragt, wie sich denn der Wahrnehmungsprozess zwischen wahrnehmenden Menschen und Umweltreizen vollzieht. Gesteuert von unseren Interessen suchen wir nach gewissen Reizen. Dieses Prinzip erklärt die immer wieder erstaunliche Selektivität der Wahrnehmung.

Herbert Blumer illustriert das in einem Aufsatz (H. Blumer 1969b; darin zitiert Blumer den Bericht Darwins auf S. 164) mit Hilfe eines Beispiels: Darwins berichtet von einem Aufenthalt in einer Landschaft in Wales, der stattfand, ehe das theoretische Konzept der Endmoränen und der durch die Eiszeit geprägten Landschaftsformationen in der Wissenschaft vorgetragen worden war. Zusammen mit einem anderen Wissenschaftler verbrachte Darwin viele Stunden in einem Tal, in dem die beiden nach Fossilien suchten. Aus der Sicht der heutigen Erkenntnisse über die Eiszeit und ihre Wirkungen auf die Landschaft stellt jenes Tal ein ideales Beispiel zur Wahrnehmung solcher Phänomene dar. Damals gab es aber diese Theorie noch nicht, und Darwin und sein Kollege suchten nach nichts anderem als nach Fossilien. Später, als Darwin die Eiszeittheorie kannte und das besagte Tal wieder sah, schien es ihm unbegreiflich, dass er bei seinem früheren Besuch nicht die charakteristischen Merkmale jener Landschaft wahrgenommen hatte.

Unabhängig von diesem Beispiel, das Blumer gibt, und von dem wir nicht wissen, ob Mead es gekannt hat, sagt Mead im Kontext von Erkenntnis und Interesse, dass der Mensch sich aus der unendlichen Vielfalt der Umweltreize gerade die aussucht, die seinem Interesse entsprechen. Wenn wir hungrig sind, sind wir empfindlich für den Geruch von Speisen. Wenn wir nach einem bestimmten Buch suchen, dann ist unser Auge eingestellt auf Farbe und Breite eines bestimmten Buchrückens. Was immer wir tun, bestimmt die Art des Reizes, der wiederum bestimmte Reaktionen bei uns erzeugen wird. Mead weist darauf hin, dass unser Interesse uns einstellt auf die Reaktionen, von denen wir gern möchten, dass sie in uns erzeugt werden. Wir suchen uns dann den Reiz, der sich dazu eignet, die aufgrund unserer Interessen erwünschten Reaktionen bei uns auch tatsächlich zu erzeugen.

Es ist also unsere eigene Einstellung unserem Handeln gegenüber, die bestimmt, welches der Reiz sein wird, den wir wahrnehmen werden, weil wir ihn aufgesucht haben. So sind wir aufgrund unserer Interessen im Prozess des Handelns ständig dabei, auszuwählen, welche Bestandteile aus dem unendlich vielfältigen Feld der Reize die Reaktionen hervorrufen werden, die bei uns hervorgerufen werden sollen, weil das so unseren Interessen entspricht. Wir legen unser Handeln beständig so an, dass die Reaktionen, wenn sie sich ereignen, in erwünschter Form auf uns zurückwirken und dabei für uns wiederum jene Reize auswählen, die uns dann in die Lage versetzen, das fortzuführen und womöglich zu vollenden, was zu tun wir schon begonnen hatten (G.H. Mead 1972a: 389f: „That is, the organism is not simply a something that is receiving impressions and then answering to them. It is not a sensitive protoplasm that is simply receiving these stimuli from without and then responding to them. The organism is doing something. It is primarily seaking for certain stimuli... Then, in the process of acting we are continually selecting just what elements in the field of stimulation will set the response successfully free.").

4. Die Theorie der Symbolischen Interaktion als Verstehende Soziologie der Gegenwart

4.1 Herbert Blumer als Neukantianer

4.1.1 Person und Werk

Es ist Herbert George Blumers (1900-1987) Verdienst, dass die Lehre Meads heute als Bestandteil der herrschenden soziologischen Theorie anerkannt wird. Dies muss auch darum als große Leistung gewürdigt werden, weil selbst begeisterte Anhänger Meads zugeben, dass es eine mühselige Aufgabe ist, die Texte des Meisters zu entziffern und zu interpretieren. Obwohl Blumer sich vorwiegend auf Mead bezogen hat, hat er außerdem doch auch die Arbeiten von Charles Horton Cooley, John Dewey und William Isaac Thomas übernommen und fortgeführt und selbst manche Gedanken, die bei diesen großen Wegbereitern der TSI nur angedeutet waren, ausgeführt und dadurch explizit gemacht (T. Shibutani 1970: V f).

Wie andere Pragmatisten auch hat Blumer zwei Punkte immer wieder betont: 1. Es kommt darauf an, den Sinn, die Bedeutung (meaning) der Objekte zu erschließen. 2. Zu diesem Vorgang des Verstehens muss davon ausgegangen werden, dass den Objekten ihre Bedeutung im Handeln zugewiesen wird.

Bedeutung oder Sinn werden in sozialer Interaktion geschaffen und bestätigt. Sie werden weitgehend gestaltet aufgrund der tatsächlichen oder erwarteten Reaktionen anderer. Die Menschen sind weder Opfer ihrer Impulse noch bewusstlos äußeren Reizen ausgeliefert. Sie sind aktive Organismen, die ihr Handeln planen und steuern können, weil sie die sie umgebende und ständig sich wandelnde Welt mit Sinn versehen und interpretieren können.

Von besonderer Bedeutung sind das Bewusstsein, das sich jeder Mensch von sich selbst schafft und die Fähigkeit des einzelnen, den Dialog mit sich selbst zu pflegen. Blumer geht davon aus, dass jede Interaktion auf Kommunikation aufbaut, wobei die Teilnehmer ihren je eigenen Beitrag einbringen und mit dem Beitrag der anderen verknüpfen. Wiederholung von Interaktionen kann zur Entstehung von gewohnheitsmäßigen Verhaltensmustern führen, die Blumer wie Cooley als soziale Institutionen bezeichnet (G.H. Mead 1964a: 294).

Die machtvolle und eindrucksvolle Präsentation dieses wissenschaftlichen Standpunkts hat das Denken mehrerer Generationen von Soziologen beeinflusst, die alle in Chicago ausgebildet und von Blumer beeinflusst wurden. Mit dem wachsenden Interesse an Problemen zwischenmenschlicher Kommunikation und personaler Identität ist eine Zunahme des Interesses an dem Werk von George Herbert Mead voraussehbar, und damit wächst die Bedeutung von Blumers Interpretation diese Werkes (T. Shibutani 1970: VI).

Blumers methodologischer Standpunkt ergibt sich aus seiner Sozialpsychologie. Er beschränkt sich nicht auf dieses oder jenes Spezialgebiet, sondern bemüht sich um eine umfassende Theorie. Dabei beschäftigt er sich mit dem Zugang zur empirischen Wirklichkeit, mit der Formulierung von abstrakten Fragestellungen, mit dem Sammeln empirischer Daten durch kontrollierte Beobachtung, mit der Verknüpfung einzelner Kategorien zu beziehungsvollen Aussagen, mit der Formulierung von Verallgemeinerungen und der Überprüfung solcher Aussagen durch neuerliche empirische Beobachtungen. Die Entwicklung eines realistischen Schemas wissenschaftlicher Konzepte ist für Blumer von besonderer Bedeutung. Er lenkt die Aufmerksamkeit auf die ursprünglichen Annahmen, die bei Beginn der Beschäftigung mit einem Gegenstand von einem Forscher gemacht werden, weil von diesen Voreingenommenheiten die Formulierung des Forschungsproblems abhängig ist.

Konsequent hat Blumer dagegen protestiert, wissenschaftliche Methoden in die Soziologie zu übernehmen, die sich im Bereich der Naturwissenschaften bewährt haben. Dabei ist er nie dogmatisch vorgegangen, hat niemals eine Forschungstechnik einfach deshalb zurückgewiesen, weil ihr Ursprung naturwissenschaftlich war. Vielmehr hat er den Standpunkt vertreten, dass sich die Wahl der Methode und der Technik nach dem Gegenstand richten muss, der studiert werden soll. Ihm muss die Methode optimal entsprechen, damit dem Gegenstand der Forschung nicht aus falscher Rücksicht auf die Methode Gewalt angetan wird. Aus dieser Sicht und nur mit diesen Argumenten hat Blumer oft naturwissenschaftliche Vorgehensweisen zurückgewiesen.

Shibutani sieht in Blumer einen Pionier, der bei der Entwicklung der neueren Soziologie Entscheidendes geleistet hat: Blumer hat auf die Notwendigkeit hingewiesen, verstehend vorzugehen. Um aber verstehen zu können, was sich im Handeln der Menschen ereignet, muss man den Vorgang nachvollziehen, in dem sie jeweils ihre Situation definieren. Das erfordert die engste Vertrautheit mit jenem Bereich empirischer Wirklichkeit, der wissenschaftlich studiert werden soll (Ebd.: VII).

Außerdem hat Blumer zur Weiterentwicklung der Theorie des Kollektivverhaltens beigetragen. Er folgt dabei den Arbeiten von Robert Ezra Park. In einem Interview am 25. November 1981 in Berkeley erwähnte er den Einfluss Georg Simmels auf Park: „Park was very much influenced by Simmel (...) And his doctoral dissertation 'Masse und Publikum' was of course reflecting the background of German sociology. And he was unquestionably very much influenced by Simmel. This comes out, I would say, particularly in the organization of the book which Park and Burgess brought out, The 'Introduction to the Science of Sociology'. A lot of treatment there is a reflection, so to speak, of the way in which Simmel would have thought" (Vgl. dazu: Una conversazione tra Herbert G. Blumer e Horst J. Helle, Sociologia della Comunicazione, anno II. N. 3. 1983: 199-215. Hier zitiert nach dem unveröffentlichten englischen Original, S. 4).

Blumer war 1900 in St. Louis, Missouri, geboren worden, wuchs dort auf und unterrichtete an der University of Missouri 1922-1925. Gleichzeitig war er aber während der Sommerferien schon Doktorand an der University of Chicago: „I went to Chicago as a graduate student in the summer 1923, came back the summer of 1924, I was teaching at the University of Missouri at the time as an instructor, then came back in the summer of 1925 and stayed on as graduate student there. See, I was appointed as an instructor on the faculty on 1927. But I got my degree in 1928" (Ebd.: 7f). In Chicago wurde Blumer ein bekannter Mannschaftssportler in „professional football", und das Jahr 1928 brachte ihm außer dem Doktortitel auch die hohe sportliche Ehre eines „All-American-Guard" ein.

Auf die Frage nach den Beratern, die Blumer bei der Niederschrift seiner Dissertation betreut haben, antwortet er: „Faris and Mead, yes. Thomas was not around during that period. He was of course a very revered figure, and the graduate students under the influence particularly of Park but also under the influence of Faris became interested in W. I. Thomas. He exercised a great deal of influence, he had a great deal of influence upon me. I have always tended to look upon my work, if one was to characterize it narrowly, as being chiefly a bringing together of the perspectives of Mead on one hand and Thomas on the other hand" (Ebd.: 8).

Nach einer Rückfrage sagte Blumer: „Thomas very definitely was working on the assumption that to understand the behavior of people you better get in their position and see how they see the world. They cannot do anything else but act in terms of how they see the world and meet situations, and so doing it sums up somewhat this very ambiguous term of defining a situation, which people associate with Thomas" (Ebd.).

Das Jahr 1931 sollte in der Biographie Blumers eine wichtige Wende bringen: Im Zuge der Auseinandersetzung zwischen dem sehr jungen Universitätspräsidenten Robert Maynard Hutchins und den Philosophen der University of Chicago war, so versichert Blumer in dem Interview, Mead fest entschlossen, an die Columbia University zu gehen. An der Ausführung dieses Planes wird Mead nur durch seine Erkrankung gehindert: „Anyway, he went into the hospital three weeks after the winter quarter, the term there in Chicago, began. And he had to give up his teaching of his course. Consequently, he called me over to the hospital, in which he was, and asked me if I'd be willing to take over this course, his major course, on advanced social psychology" (Ebd.: 3).

In aller Bescheidenheit erwähnt Blumer noch, dass Mead wohl zunächst Ellsworth Faris um die Übernahme seiner Lehrverpflichtungen gebeten habe, doch jener habe das vermutlich wegen Arbeitsüberlastung abgelehnt. Jedenfalls stellt Blumer sich mit großem Ernst der Aufgabe, die Lehrveranstaltung Meads zu übernehmen, und, als Mead kurz darauf stirbt, sein Werk weiterzuführen.

Zwei der originellsten Arbeiten Blumers beschäftigen sich im Anschluss an Georg Simmel, den er zitiert, mit dem Thema Mode: Getreu seiner eigenen Forderung, sich aus erster Hand mit dem Gegenstand der Forschung vertraut zu machen, ging Blumer im Jahre 1932 als Stipendiat nach Paris. Edward Albert Shils (1. Juli 1910-1995), zehn Jahre jünger als Blumer, erinnerte sich, dass Blumer vorübergehend Kurse über die Französische Soziologie in Chicago gegeben hat. Blumers Vertrautheit mit der Durkheimschule hinterlässt aber keine Spur in seinem publizierten Werk. Zum Thema Mode vertritt er den Standpunkt, dass sie in den modernen Massengesellschaften dem entspricht, was in traditionellen Gesellschaften Brauchtum heißt. Beides ermöglicht ein gewisses Maß an Uniformität und stellt einen Mechanismus sozialer Kontrolle dar. Nachdem die Thematik des Kollektivverhaltens viele Jahre lang nicht genügend beachtet worden war, haben die Unruhen in den Städten der USA in den sechziger Jahren und der Aktivismus der Jugendlichen in den siebziger Jahren die Aufmerksamkeit wieder auf solche Massenphänomene gelenkt.

Schon 1939 erschien ein Sammelband, den Robert Ezra Park herausgegeben hatte als „An Outline of the Principles of Sociology", in dem Blumer einen Aufsatz mit dem Titel „Collective Behavior" veröffentlicht hat. Diese Arbeit Blumers verdient noch heute Beachtung als Beitrag zur Theorie des Kollektivverhaltens.

Von 1925 bis 1952 lehrte er an der University of Chicago. Von 1941 bis 1952 war er dort Herausgeber des American Journal of Sociology. Im Bereich der Sozialpolitik engagierte er sich als Vermittler zwischen Gewerkschaften und Arbeitgebern in der Stahlindustrie. Seit 1952 gehörte Blumer in Berkeley der University of California an. Als ich ihn dort zu Beginn des Jahres 1967 zum ersten Mal besuchte, arbeitete er an einer empirischen Untersuchung über rauschgiftabhängige Studenten. Er führte lange, ausführliche Beratungsgespräche mit seinen Hörern, und seine Lehrveranstaltungen machten den Eindruck einer fast informellen Plauderei. Er riet mir zu einem Besuch bei Anselm Strauss in San Francisco, den er für einen der kompetentesten Interpreten George Herbert Meads hielt. Als Emeritus der University of California, Berkeley, starb Blumer in Kalifornien am 13. April 1987.

Die Zurückhaltung gegenüber dem Publizieren von Büchern scheint Blumer von Mead übernommen zu haben (Vgl. „Bibliography of Herbert Blumer" in T. Shibutani 1970: 389-391). Die Liste seiner Veröffentlichungen enthält nur vier Buchpublikationen. Dabei stammen die ersten beiden Bücher aus dem Jahre 1933 und befassen sich mit der Wirkung von Film- und Kinobesuch auf menschliches Verhalten allgemein sowie speziell auf abweichendes Verhalten und als auslösender Faktor für Kriminalität. Sechs Jahre später erscheint 1939 ein drittes Buch, das eine ausführliche Stellungnahme zu dem Werk von Thomas und Znaniecki über den polnischen Bauern in Europa und Amerika darstellt. Die 1969 erschienene Arbeit mit dem Titel „Symbolic Interactionism" ist streng genommen kein viertes Buch, sondern stellt den Wiederabdruck einer Reihe schon früher an anderer Stelle publizierter Aufsätze dar.

Um so größer ist die Zahl der veröffentlichten Artikel. Die darin behandelten Themen berühren Fragen der Wissenschaftstheorie und der Begriffsbildung, Fragen der sozialen und persönlichen Desorganisation, des Kollektivverhaltens, des Rassenvorurteils, der Beziehung zwischen Arbeitgebern und Gewerkschaften in der Industrie, der Meinungsforschung, des Paternalismus in Großbetrieben und der Altenprobleme von Rentnern und anderen aus dem Erwerbsleben Ausgeschiedener. Die erste wissenschaftliche Arbeit, die Herbert Blumer der Öffentlichkeit übergab, erschien 1931 als Aufsatz im American Journal of Sociology. Sie trägt den Titel: „Science Without Concepts" (H. Blumer 1969b). Darin werden Blumers Vorstellungen zur Begriffsbildung formuliert, die er schon zu Lebzeiten von George Herbert Mead entwickelt hatte.

4.1.2 Probleme der Begriffsbildung

Herbert Blumer hat in seinem ersten wissenschaftlichen Artikel aus dem Jahre 1931 darauf hingewiesen, dass es wissenschaftlichen Grundbegriffen gegenüber zwei verschiedene Einstellungen gibt. Die skeptische Haltung betont die enge Verbindung zwischen Begriff und Metaphysik, sie sieht in systematischer Begriffsbildung das Einfallstor für als fruchtlos erachtetes Philosophieren. Demnach sollen sich die Erfahrungswissenschaften an die erfahrbare Wirklichkeit halten und den systematischen Umgang mit Begriffen der Philosophie überlassen.

Im Gegensatz zu jener misstrauischen Haltung im Hinblick auf Begriffe steht eine ganz andere Position, von der aus darauf hingewiesen wird, dass Begriffe unerlässlich sind, um Wissenschaft zu betreiben (Ebd.: 154). Die Spannung zwischen diesen beiden Aussagen, von denen die eine vor der Verselbständigung von Begriffen warnt, während die andere auf ihre instrumentelle Notwendigkeit hinweist, nimmt Herbert Blumer zum Anlass, die Bedeutung wissenschaftlicher Begriffsbildung im Erkenntnisprozess genau zu untersuchen sowie insbesondere nach den Funktionen der Begriffe zu fragen und dabei ihre unsachgemäße Verwendung zu kritisieren (Ebd.: 155).

In Übereinstimmung mit Mead geht Blumer davon aus, dass Wahrnehmung aus dem Wechselspiel zwischen Handelndem und Umwelt gewonnen wird und dass sie den Zweck hat, den Verlauf des Handelns zu steuern. Es ist aber nicht nur so, dass das Handeln durch Wahrnehmung ermöglicht wird, sondern umgekehrt mag es auch durch Wahrnehmung gerade behindert und frustriert werden. Den Prozess der Begriffsbildung sieht Blumer dann als eine Form des Verhaltens, die für Menschen charakteristisch ist und die es ihnen ermöglicht, solche Hindernisse zu überwinden. Wenn z.B. in einer Handlungssituation die Wahrnehmung zu unbefriedigend ist, um die Handlung sicher vollenden zu können, dann wird der Mensch sich Begriffe bilden, mit deren Hilfe er trotz der Ungewissheit der Wahrnehmung sein Handeln fortzusetzen in der Lage ist.

In solchen Fällen stellt die kreative Aktivität der Begriffsbildung ein Äquivalent der perzeptiven Aktivität der Wahrnehmung dar. Begriffsbildung erlaubt dem Menschen, sich neu zu orientieren, seinen Energieaufwand sinnvoll zu planen und entsprechend erfolgreich zu handeln. Außerdem weist Blumer darauf hin, dass Begriffsbildung als Reaktion auf fehlende oder unzureichende Wahrnehmung wiederum dem Wahrnehmungsprozess zugute kommt, weil die Vorstellungen, die wir aufgrund unserer Begriffe entwickeln, unsere Wahrnehmung beeinflussen. So stellt der Vorgang der Begriffsbildung nicht nur einen Lückenbüßer für fehlende Wahrnehmung dar, sondern einen Prozess, der selbst den Wahrnehmungsvorgang mitgestaltet (Ebd. vgl. auch die Affinität zu Kant).

Damit ist die von Blumer gestellte Frage nach der Bedeutung oder Funktion der Begriffsbildung für den wissenschaftlichen Erkenntnisprozess vorläufig beantwortet: Begriffsbildung ergibt sich aus dem Bedürfnis nach Anpassung an Mängel der Wahrnehmung. Der Gedanke des Mängelersatzes, der hier auftaucht, erinnert an die Institutionenlehre Arnold Gehlens. Aber nicht nur die Institutionen, sondern allgemein die Schöpfungen der Kultur und Zivilisation werden bei Gehlen als Kompensation für organisch bedingte Leistungsmängel des Menschen verstanden. Hier formuliert Blumer einen ähnlichen Gedanken: Die Bildung von Begriffen dient der Kompensation von Wahrnehmungsmängeln. Die Begriffe gestatten dem Menschen dann eine neue Orientierung im Bewusstsein und eine neuere gedankliche Zugangsweise zu seinen Problemen. Dadurch wiederum verändert, beeinflusst und leitet die Begriffsbildung die Wahrnehmung, die daneben oder im Anschluss daran außerdem möglich ist (Ebd.: 156).

Den Gedanken einer Wechselwirkung zwischen Begriffsbildung und Wahrnehmung führt Blumer weiter aus. Der Mensch begegnet gewissen wahrnehmbaren Erfahrungen, die ihm unmittelbar zugänglich sind, die aber rätselhaft wirken und sich dem Verständnis zunächst entziehen. Er bildet sich dann Begriffe, die ihm helfen, sich seine Erfahrungen verständlich zu machen. Blumer glaubt, dass auf diese Weise auch wissenschaftliche Begriffe entstehen. Sie beziehen sich auf etwas, dessen Existenz wir unterstellen, dessen Charakter wir aber nicht restlos verstehen. Sie haben ihren Ursprung in einer Serie von Wahrnehmungserfahrungen mit rätselhaftem Charakter, die in ihren Einzeleindrücken überbrückt werden müssen durch eine übergreifende weiterführende Perspektive. Doch der wissenschaftliche Begriff unterstellt nicht nur die Existenz von etwas, das isolierte Einzelerfahrungen überbrückt und zusammenfasst, sondern er unterstellt zugleich, dass das Ding eine spezifische Qualität, einen bestimmten Charakter hat (Ebd.).

In diesen Aussagen Blumers erkennen wir die erkenntnistheoretische Position Meads deutlich wieder. Bei Mead hatten wir von der Gegenüberstellung von Erfahrungsobjekten und Idealobjekten gehört. Im Original spricht Mead von ‚experiences' und ‚ideal objects'. Im Anschluss an Meads ‚experiences' spricht Blumer von den ‚wahrnehmbaren Erfahrungen', die rätselhaft und unverständlich sind, und die durch wissenschaftliche Begriffe in eine übergreifende Perspektive eingefügt und verständlich gemacht werden. Wie bei Mead stehen auch bei Blumer im Bewusstsein des wissenschaftlichen Subjekts Ergebnisse der Erfahrung und Ergebnisse der Begriffskonstruktion nebeneinander. Die wissenschaftlichen Begriffe entstammen als Gedankengebilde nicht unmittelbar der Wahrnehmungserfahrung, sondern der ideellen Auseinandersetzung mit unverständlichen und daher der Deutung bedürftigen Erfahrungsinhalten. So haben die wissenschaftlichen Begriffe die Aufgabe und das Potential, Ordnung und Verständlichkeit in die verworrene Vielfalt konkreter Erfahrungen einzuführen (Ebd.).

Wenn es im Text bei Blumer ‚concept' heißt, wurde hier von ‚Begriff' gesprochen und von ‚Begriffsbildung' als Übersetzung für Blumers ‚conceiving'. Hinter ‚concept' und ‚conceiving' verbirgt sich im Englischen aber mehr als nur ‚Begriff' und ‚Begriffsbildung'. Dem lateinischen und romanischen Sprachbereich entsprechend, verbinden auch der Engländer und der Amerikaner mit diesen Begriffen noch die Vorstellung, die unsere Fremdworte ‚Konzeption' und ‚konzipieren' wiedergeben. Freilich ist im deutschen Sprachgebrauch eine ‚Konzeption' etwas sehr viel anspruchsvolleres als ein ‚Begriff'. Außerdem kann die schon bei Mead wichtige gedankliche Verbindung zwischen ‚Konzeption' und ‚Perzeption' mit Hilfe dieser Begriffe klarer verdeutlicht werden als unter Verwendung der deutschen Ausdrücke ‚Begriffsbildung' und ‚Wahrnehmung'. Ich werde daher in dem folgenden Teil dieses Abschnitts die Terminologie wechseln, um dem Original noch näher bleiben zu können.

Im Rahmen der Thematik wissenschaftlicher Begriffsbildung interessiert Herbert Blumer sich nicht nur für Konzeption als den Vorgang, in dem die Begriffsbildung erfolgt, sondern auch für die Konzeption als Inhalt konkreter Begriffe. Zunächst wendet er sich den Aktivitäten des Konzipierens zu, ohne die jede Perzeption unerträglich oberflächlich bliebe. Identische Probleme würden immer wiederkehren, die Identität zwischen ihnen könnte nicht eindeutig festgestellt werden. Die Auseinandersetzung des Subjekts mit seiner Umwelt wiese keinen Fortschritt auf, sondern identische Frustrationen kämen immer erneut vor. Dies sei typisch für die Existenz des Tieres, meint Blumer. Die Auseinandersetzung zwischen Einzelwesen und Umwelt vollzieht sich aber bei den Menschen anders als bei den Tieren. Bei den Menschen unterscheidet Blumer die erfahrbare Welt im allgemeinen von der wissenschaftlichen Welt im besonderen. In beiden Bereichen treten Frustrationen und Handlungsstörungen auf. Sie können nur dadurch überwunden werden, dass die konkret erfahrbar vorliegende Welt gleichsam transzendiert wird. Der Mensch kann aber die perzipierbare Welt nur transzendieren mit der Hilfe von Konzeptionen. Daher muss sich das Konzipieren in einer Weise vollziehen, die die Lösung dieser Aufgabe möglich macht (Ebd.: 157).

Im Anschluss an einige Überlegungen zu den Formen des Konzipierens wendet Blumer sich sodann den Inhalten von Konzeptionen zu. Er stößt dabei auf deren Fähigkeit, isolierte Einzelerfahrungen durch Abstraktion mitteilbar zu machen. Um die Subjektivität des Individuums überschreiten und gemeinsames Wissensgut vieler Menschen werden zu können, müssen Erfahrungen mit Hilfe von Konzeptionen abstrahiert werden. Der Einzelmensch erlebt im Laufe längerer Zeit, dass hier jemand übervorteilt, dort ein anderer betrogen und schließlich ein dritter beraubt, bestohlen oder belogen wird. Aber erst, wenn aus all diesen Erfahrungen die Konzeption des ‚Unrechts' abstrahiert wird, wird es möglich, durch gedankliche Beschäftigung damit und durch ihre Verbreitung kollektives Handeln zu mobilisieren. Die Konzeption kann aufgrund ihrer Allgemeinheit Gemeingut vieler Menschen werden und sie so zur Einnahme eines gemeinsamen Standpunkt veranlassen. Herbert Blumer wundert sich darüber, dass diese Funktion des Konzipierens nicht stärker beachtet worden sei. Ganz ähnlich wie isolierte Wahrnehmungen und Erfahrungen erst durch ihre Zuordnung zu einer übergreifenden Leitvorstellung miteinander verbunden werden, können auch isolierte und daher weitgehend wirkungslose Aktionen zur Abwendung von Missständen erst dadurch in eine wirksame Kollektivaktion überführt werden, dass sie einer abstrakten Konzeption zugeordnet werden (Ebd.: 160).

Herbert Blumer weist auch darauf hin, dass wissenschaftliche Begriffe oder, wie wir zuletzt übersetzt haben, Konzeptionen, nicht unwandelbar sind. Sie verändern im Laufe der Zeit ihren Inhalt, sie haben, wie Blumer schreibt, eine Karriere (Ebd.: 161): Sie ändern ihre Bedeutung von Zeit zu Zeit, und zwar je nach der Einführung neuer Erfahrungen, wobei alte Inhalte mehr oder weniger weitgehend durch neue ersetzt werden. Diese flexible Einstellung zu wissenschaftlicher Begriffsbildung ist charakteristisch für Blumer. Er weist darauf hin, dass mit Hilfe der Schaffung von Konzeptionen die Verbindung von wissenschaftlichen Einzelerkenntnissen zu systematischen Theorien möglich wird. Und erst die Kohärenz verschiedener Konzeptionen ermöglicht eine weiterführende gedankliche Systemkonstruktion mit dem Ziel wissenschaftlicher Theoriebildung.

Blumer vermutet, dass Autoren, die vor der Konstruktion von Begriffen warnen, sich im Grunde nicht gegen Begriffsbildung, sondern gegen das Konstruieren übergreifender Systeme wenden wollten. Wohl deshalb nimmt er dies an, weil er durchaus selbst der Warnung vor zu weitgehender Systematisierung und vor dem Konstruieren von Systemen um ihrer selbst willen viel Verständnis und Sympathie entgegenbringt, während er dagegen die Ablehnung von Begriffsbildung überhaupt offensichtlich für verfehlt hält. Von denen, die ein ‚Sich-Konzentrieren' auf präzise und systematische Begriffe ablehnen, sagt Blumer, sie täten das mit dem Hinweis, man müsse sich in seinem wissenschaftlichen Denken eng an die empirischen Fakten halten und sich auf spezielle deutlich abgrenzbare Probleme beschränken. Diese Forderung weist er zurück, weil sie mit der Geschichte der Wissenschaft nicht im Einklang steht. Seine Zurückweisung gipfelt in der Behauptung, wenn man diese Aufforderung befolgte, gäbe es keine Wissenschaft mehr (Ebd.: 162: „To follow this program would mean not to have a science.").

Blumer schreibt (in meiner Übersetzung): „Im günstigsten Falle hätte man eine Reihe von speziellen und unzusammenhängenden Untersuchungen, zwischen denen keine organische Verbindung bestünde, von denen eine die andere höchstens durch Zufall befruchten könnte und die nur durch Zufall eine Tendenz in Richtung auf Konsistenz zeigen könnten, so dass sie nur wenig von jener fortschrittlichen Ansammlung des Wissens aufweisen würden, die als Folge der Organisation und Reorganisation von Erfahrungen möglich ist. Von diesem Bild finden wir vielleicht einiges wieder in der Arbeit von Technikern, Politikern und Staatsmännern, in Bereichen also, in denen die Aufmerksamkeit der Lösung unmittelbar anstehender praktischer Probleme gewidmet wird, wo also jedes Problem eine sofortige Lösung erfordert und so notwendigerweise separat behandelt wird. Das Vorgehen ist dabei opportunistisch, das Wissen unsystematisch und die Erfolgskontrolle ungewiss. Aber dieses ist nicht das Bild der Wissenschaft" (Ebd.: 162ff).

Er beeilt sich, den Eindruck zu zerstreuen, als wolle er herabblicken auf die Leistung von Technikern und Politikern. Ihm kommt es darauf an, eine Einstellung zur Wissenschaft zurückzuweisen, die vielleicht selbst als naturalistisch bezeichnet werden sollte, die aber nicht die seine ist. Blumer sagt vielmehr: Wenn nicht die vielen isolierten und spezialisierten Einzelergebnisse, die durch unmittelbare Erfahrung der Wirklichkeit zustande kommen, auf zentrale Konzeptionen und Begriffe bezogen werden, dann können sie niemals den Charakter wissenschaftlicher, systematisch verknüpfter Erkenntnisse gewinnen, wie wir sie aus der Geschichte der Wissenschaft kennen (Vgl. hierzu Immanuel Kant und Max Weber).

Die Position Blumers zum Thema der Konzeptualisierung lässt sich wie folgt zusammenfassen:

1. Die wissenschaftliche Begriffsbildung ist ein Weg, auf dem Probleme der Wahrnehmung gelöst werden können.
2. Der Inhalt des wissenschaftlichen Begriffes besteht aus einer Abstraktion, die selbst Gegenstand von besonderer und intensiver Forschung werden kann.
3. Wegen seiner sprachlichen Qualität kann der Begriff anderen Menschen mitgeteilt werden und ermöglicht dadurch arbeitsteilige Aktivität, auf die der Wissenschaftsprozess nicht verzichten kann.
4. In ihrer wechselweisen Bezugnahme aufeinander gestatten es wissenschaftliche Begriffe, systematische Zusammenhänge zwischen Einzelerkenntnissen zu schaffen und sichtbar zu machen (H. Blumer 1969b: 163).

4.1.3 Naturalismus oder Neukantianismus?

Die Konzeptualisierungstheorie Blumers beginnt in enger Anlehnung an Peirce (dem dritten Vertreter des philosophischen Pragmatismus neben William James und John Dewey) mit einer Überlegung zu der Situation, in der Handeln blockiert wird. Wenn das Handeln nicht mehr problemlos verläuft, wird die Wahrnehmung gestört und die Reflexion setzt ein. Diese Reflexion führt zur Entwicklung von Konzepten oder Begriffen, die eine neue Orientierung geben und der Wahrnehmung oder Perzeption wieder dazu verhelfen, fortgeführt werden zu können, so dass schließlich auch das Handeln weitergehen kann. Auch Mead und James sehen das Entstehen neuer Einsichten als Folge der Reaktion auf eine Störung des Handlungsablaufs (G.D. Johnson u. J.S. Picou 1991: 177). Begriffe kommen also der Wahrnehmung nur zu Hilfe, sobald Probleme auftauchen, sie üben außerdem einen steuernden Einfluss auf die Wahrnehmung aus. Die Sprache, in der unsere

Begriffe formuliert sind, stellt die Koordinaten für unsere Wahrnehmung dar (A.C. Zijderveld 1975: 203).

Nun haben aber Begriffe nach Blumer noch eine andere bedeutsame Funktion. Sie geben dem Handelnden nicht nur eine neue Orientierung und transzendieren nicht nur das gegebene Wahrnehmungsfeld, in dem das Handeln blockiert wurde, sondern sie enthalten zugleich Aspekte vergangener Erfahrungen, die sprachlich weitergegeben werden, wobei sie überdies bestimmte Erfahrungsgebiete abdecken, die somit genauerer Untersuchung zugänglich werden. Das bedeutet also, dass die in Sprache konstituierten Begriffe dazu dienen, die Erfahrungen anderer zu kommunizieren und spezifische Erfahrungsbereiche in den Blickpunkt zu rücken (Ebd.).

Blumer unterscheidet zwischen ‚sensitizing concepts' und ‚definitive concepts'. Ein ‚definitive concept' hat eindeutige Grenzen, die mit Hilfe einer Definition wiedergegeben werden können. Er bezeichnet klar, was eine Klasse von Objekten gemeinsam hat und stellt deshalb eine deutliche Umschreibung dessen dar, was begriffen werden soll. Dagegen hat ein ‚sensitizing concept' keine eindeutigen Grenzen und kann deshalb auch nur vage umschrieben werden. Dieser Begriffstyp suggeriert dem Wahrnehmungsverhalten, in welche Richtung etwa Ausschau gehalten werden soll. Blumer selbst schreibt über diese beiden unterschiedlichen Arten von Begriffen:

> „Ein ‚definitive concept' bezieht sich auf eine gemeinsame Klasse von Objekten mit Hilfe einer klaren Definition unter Hinweis auf Attribute oder eindeutige Merkmale. Diese Definition oder Merkmalsbezeichnung dient als Mittel zur klaren Identifikation des individuellen Falles innerhalb der Klasse und des Charakters dieses Falles, der durch den Begriff gedeckt werden soll" (Ebd.).

Einem ‚sensitizing concept' fehlt eine solche Spezifizierung von Attributen oder Merkmalen, und folglich setzt dieser Begriffstyp den Verwender „nicht in den Stand, sich direkt auf den Einzelfall und seinen relevanten Inhalt zuzubewegen. Stattdessen gibt er dem Verwender des Begriffes ein allgemeines Gefühl für das, worauf er sich beziehen soll und eine Richtschnur für den Zugang zu den empirischen Einzelfällen. Während ‚definitive concepts' Vorschriften darüber enthalten, was gesehen werden soll, stellen ‚sensitizing concepts' nur Vorschläge dar, in welche Richtung gesucht werden soll. Hunderte von Begriffen – wie Kultur, Institution, Sozialstruktur, Brauch und Persönlichkeit – sind nicht ‚definitive concepts', sondern sind ihrer Natur nach ‚sensitizing'. Ihnen fehlt ein exakter Bezugsrahmen, und sie haben keine Merkmale, die eine eindeutige Identifikation zulassen. Stattdessen beruhen sie auf einem allgemeinen Gefühl dafür, was relevant ist. Es kann über diese Charakterisierung kaum Meinungsverschiedenheiten geben" (Ebd.).

Die ‚sensitizing concepts' sind nach Blumer nicht Ergebnis von Nachlässigkeit oder Bequemlichkeit der Soziologen, die solche Begriffe formulieren. Der Ursprung ihrer Eigenarten liegt vielmehr in der sozialen Wirklichkeit selbst: Soziologen studieren individuelle empirische Fakten – eine Gruppe, eine konkrete Interaktion oder Handlung, eine Organisation – mit je spezifischen Merkmalen, die ihrerseits verknüpft sind mit den Merkmalen anderer Fakten. Sind sind daher Teil eines viel umfassenderen Feldes, aus dem man nicht ohne weiteres ein System eng umschriebener ‚definitive concepts' herausschneiden kann. Man würde nämlich dadurch die Wahrnehmung gar zu sehr einengen. Deshalb muss Forschung stets mit ‚sensitizing concepts' beginnen, die überhaupt erst eine Öffnung auf bestimmte Fragenkomplexe hin bewirken. Etwa der Begriff ‚Assimilation': Er sensibilisiert zunächst für eine konkrete – empirisch noch zu untersuchende – Problemlage, z.B. die Assimilation eines polnischen Rabbiners oder eines mexikanischen Bauern in der amerikanischen Gesellschaft. Mit anderen Worten, das ‚sensitizing concept' gibt eine allgemeine Vorstellung an, die durch die detaillierte empirische Untersuchung eines individuellen Falles geklärt und weiter präzisiert wird. Das ‚sensitizing concept' wandelt sich auf diese Weise nach und nach in ein ‚definitive concept'. ‚Sensitizing concepts' sind also, so Zijderveld, Einfallstore für naturalistisch empirische Forschung und wandeln sich erst im Forschungsprozess zur differenzierten Vielzahl von ‚definitive concepts', die dann präzise Perspektiven auf Wirklichkeit, somit konsistente Theoriekonstruktion, ermöglichen (Ebd.: 204).

In dem frühesten Aufsatz Blumers „Science without Concepts" tauchen die Begriffe ‚sensitizing concept' und ‚definitive concept' noch nicht auf. Hier wird aber seine methodologische Grundposition schon in aller Klarheit und vielleicht eindeutiger als in späteren Publikationen sichtbar. Ehe wir uns Zijdervelds Ausführungen zuwandten, hatten wir gesehen, dass Blumer ausdrücklich jene Position zurückweist, die mit einer Ablehnung von präzisen Begriffen und einer Orientierung an den empirischen Fakten allein die Wissenschaft vorantreiben will. Blumer zufolge führt dies Verfahren nicht zu wissenschaftlichen Einsichten. Wir hatten die von ihm entwickelten Gedanken so zusammengefasst, dass deutlich wurde, wie sehr er die Notwendigkeit betont, wissenschaftliche Einzeleinsichten zu übergreifenden Erkenntniszusammenhängen zu verbinden.

Blumer ist der Ansicht, dass Konzepte oder Begriffe vor allem drei verschiedene Funktionen erfüllen:
1. Sie ermöglichen eine neue Orientierung oder einen neuen Standpunkt,
2. sie dienen als Werkzeuge, mit deren Hilfe man mit seiner Umwelt umgehen kann,
3. sie ermöglichen deduktives Denken und daher die Vorausschau auf neue Erfahrungen (H. Blumer 1969b: 163).

1. Es ist für Blumer eine Selbstverständlichkeit, dass ein neuer Begriff eine neue Zugangsweise zur erfahrbaren Welt eröffnet. Anhand von Beispielen aus der Medizin und der Mikrobiologie macht Blumer deutlich, dass konkrete Probleme jahrelang nicht gelöst werden konnten, bis ein Wissenschaftler ein neues Konzept schuf und damit all das einsichtig und manipulierbar machen half, was vorher unlösbar schien. Blumer betont hier „the role of the concept in sensitizing perception and so in changing the perceptual world" (Ebd.). Zwar taucht in dieser Publikation noch nicht der feststehende Begriff des ‚sensitizing concepts' auf, wohl aber wird in der zitierten Passage davon gesprochen, dass ein ‚concept' gegenüber der Perzeption die ‚sensitizing'-Wirkung haben kann.

Er sieht also die Bedeutung des Begriffes genau darin, dass er Wahrnehmungsfähigkeit sensibilisieren kann und eben dadurch die wahrgenommene Welt verändern hilft. Das Beispiel, das er selbst dafür bringt, wurde hier schon erwähnt: Der Besuch, den Darwin zusammen mit einem anderen Gelehrten in dem Tal in Wales macht und bei dem er die einzigartige Möglichkeit, das Tal als Ergebnis der Eiszeit zu verstehen, nicht sieht, weil ihm dafür die Konzepte noch nicht zugänglich sind, weil also sein Wahrnehmen dafür noch nicht sensibilisiert ist. Blumer stellt sich die Wechselwirkung zwischen Wahrnehmung und Begriffsbildung oder, in der Terminologie Meads, zwischen Erfahrungsobjekt und Idealobjekt als Kreisrelation oder als spiralenförmigen Prozess vor. Aus der Wahrnehmung entstehen Konzepte, und diese wiederum finden Eingang in zukünftige Prozesse der Wahrnehmung (Ebd.: 164).

Als weiteres Beispiel erwähnt Blumer die bahnbrechenden Arbeiten von Galilei. Masse, Bewegung, Trägheit, Schwerkraft verdrängten als neue, naturwissenschaftliche Konzepte Begriffe mittelalterlicher Welterklärung und eröffneten dadurch neue Perspektiven. Diese neuen Konzepte führten zur Formulierung neuer Probleme und gaben der Entwicklung spezifischer Techniken Richtung und Bedeutung. Indem sie die Wahrnehmungsfähigkeit zum einen prägten, zum anderen verfeinerten, eröffneten sie die Möglichkeit, neue Beziehungen zu perzipieren und das Experimentieren zu ermöglichen. Dies alles sind Konsequenzen, die Blumer aus der Formulierung neuer Konzepte zieht. So begründet er die erste der drei von ihm genannten Funktionen: Ein neues Konzept bringt mit sich eine neue Orientierung, einen neuen Blickpunkt, eine neue Sicht der Wirklichkeit.

2. Als zweites weist Blumer darauf hin, dass jeder Begriff, jedes Konzept zugleich ein Werkzeug ist. Ein Werkzeug nun nicht in dem Sinne, dass es neues Wahrnehmungshandeln anregt, sondern in dem, dass es Handeln anderer Art veranlasst, das unmittelbar auf Veränderung der empirischen Gegebenheiten abzielt. Die pragmatische Tradition wird hier wieder deutlich sichtbar: Begriffsbildung dient ja der Kompensation für blockierte Aktivität, und so kann Blumer sagen, dass das Konzept oder der Begriff auf der einen Seite begrenzt ist von frustrierter Aktivität, die zu seiner Bildung Anregung gibt, und auf der anderen Seite von den Konse-

quenzen, welche aus den neuen Aktivitäten folgen, denen der neue Begriff eine Richtung gewiesen hat. Insoweit das Konzept diese beiden Teile eines Handlungsablaufs überbrückt und miteinander verbindet, sieht Blumer es als Werkzeug an. Zunächst mag das Konzept wie alle Werkzeuge rau und grob sein. Aber allmählich wird es perfektioniert und kann im Laufe seiner häufigeren Verwendung standardisiert werden.

Zwar kommen in diesem frühen Artikel die Benennungen ‚sensitizing concept' und ‚definite concept' noch nicht vor. Aber die Vorstellungsinhalte, die Blumer mit diesen beiden Bezeichnungen später verbindet, sind schon deutlich vorhanden. Auch der Prozess, der von einem ‚sensitizing concept' zu einem ‚definite concept' führt, ist bereits als Vorgang einer Verfeinerung und Perfektionierung des Werkzeugs angedeutet (Ebd.: 166).

Um die Unterschiede sprachlich sichtbar zu machen, spricht Blumer von einem „initial trial stage" und von einem „highly refined stage" (Ebd.). Im ersten der beiden Stadien stellt der Begriff nur eine primitive Konzeption dar, die auf eine problematische Situation angewandt wird, welche eine Lösung erfordert. Der Begriff hat dann die Qualität einer Hypothese. Er suggeriert seine heuristische Brauchbarkeit; sein Wert für die Erkenntnisgewinnung lässt sich aber noch nicht genau abschätzen. Er stellt in dieser Versuchsphase des Beginns einen Modus des Zugangs oder einen Plan für einen Ansatz dar, mit dem die Situation gedanklich bearbeitet werden soll. Blumer bringt das Beispiel des Arztes, der eine Diagnose stellen soll. Erst, wenn er einer bis dahin unbestimmten Krankheit einen spezifischen Begriff zuordnet, wird eine Therapie denkbar. So begründet Blumer die zweite der drei von ihm genannten Funktionen der Begriffsbildung: Der Begriff dient als Werkzeug, um sinnvolles Handeln mit Bezug auf die Umwelt zu ermöglichen.

3. Als dritte und letzte Funktion von Begriffen hatte Blumer die Möglichkeit genannt, deduktives Denken zu leisten und dadurch neue Erfahrungen zu antizipieren. Im Anschluss an Kant, den er offensichtlich rezipiert hat, erfolgt die Feststellung, Perzeption sei ohne Konzeption blind und Konzeption ohne Perzeption

hohl und leer. Diesen zweiten Teil der Kantschen Aussage formuliert Blumer um zu einer ausdrücklichen Warnung: Allzu häufig treffe man in den Sozialwissenschaften den Fall an, dass Konzeption ohne Bezugnahme auf Perzeption geschaffen und aus ihnen etwas deduziert werde, das dann in seiner Wirkung unbrauchbar sei. Man könne wissenschaftliche Einsichten im Bereich der Sozialwissenschaften nicht dadurch gewinnen, dass man sie spekulativ am Schreibtisch kreiert. Kritisiert werden damit jene Menschen, die versuchen, Wissen zu schaffen „by manufacturing it out of their heads" (Ebd.: 168).

Blumer wird an dieser Stelle polemisch. Er antizipiert die scharfe Kritik, die C. Wright Mills später gegen Parsons vortragen sollte: „Solche Männer beginnen mit einem Arrangement von Konzeptionen, die ebenso abstrakt wie abstrus sind, und sie schreiten dann fort zur Errichtung eines Systems, in dem sie aus ihren Konzepten Sinn extrahieren. Das Ergebnis ist ein pompöses und formales Gebäude, welches jedoch so hohl und leer ist wie eine Muschel. Die Fehlerhaftigkeit solcher Systeme liegt in dem Umstand, dass ihre Ausgangsbegriffe reine Konstrukte waren, die nicht in getesteter empirischer Erfahrung gründen. Die Sinngehalte und die Bedeutung, die solche Wissenschaftler deduktiv extrahieren, haben von Anfang an keine Relevanz im Bezug auf Erfahrungen und auf Handeln, und sind darum nichts als ein Spinngewebe ohne Wert für das Verstehen und die Kontrolle der empirischen Wirklichkeit" (Ebd.).

Zu solchen Fehlentwicklungen kommt es unter anderem dann, wenn Konzepte wie Archetypen behandelt werden und wenn sie nicht unter Bezugnahme auf die Wirklichkeit einen Plan für zukünftiges Handeln in ihrem Kern schon enthalten. Solche spekulativen und empirischen Verfahren der Konzeptualisierung sind nach Blumers Ansicht selbst im Bereich der Metaphysik unangemessen und unproduktiv, im Bereich der Erfahrungswissenschaften jedoch führen sie gar zu Verdummung (Ebd.).

Offenbar ist schon zu Zeiten Blumers der Soziologie häufig der Vorwurf gemacht worden, sie habe die größte Zahl von Begriffen und Konzepten, andererseits aber den geringsten Umfang an Wissen. Das hängt nach Blumers Ansicht mit der Neigung zusammen, Begriffe als Etikette zu missbrauchen. Einen Problembereich mit einem Begriff zu etikettieren, bedeutet aber nicht, dass die wissenschaftliche Beschäftigung mit ihm beginnen kann, sondern dass sie endet. Aus Begriffen mit reiner Etikettfunktion kann man keine neuen Einsichten deduzieren. Nur Konzeptionen, die in enger Fühlungnahme mit der empirischen Wirklichkeit geschaffen worden sind, gestatten nach Blumer erfolgreiche Deduktion (Ebd.: 169).

Bestimmt man Naturalismus in den Sozialwissenschaften als jenes den Naturwissenschaften und dem Positivismus Comtes und Spencers verpflichtete Programm, nach dem Begriffs- und Theoriebildung sich als getreue Spiegelungen der erfahrbaren Wirklichkeit legitimieren müssen, so scheint es nicht vertretbar, von einem „der Position Blumers inhärenten Naturalismus" (A.C. Zijderveld 1975: 205) zu sprechen. Blumers Begriffsbildung ist so wenig naturalistisch wie die von Mead, Max Weber oder Kant.

Die Gegenüberstellungen von

‚definitive concepts' bei Blumer, von	und	'sensitizing concepts'
‚Erfahrungsobjekt' bei Mead und von	und	‚Idealobjekt'
„Erfassung: a) des im Einzelfall real gemeinten (...)		oder c) des für den reinen Typus (Idealtypus) einer häufigen Erscheinung wissenschaftlich zu konstruierenden (...) Sinnes" (M. Weber 1956: 7)

bei Max Weber stehen alle übereinstimmend in der Tradition von Kant und dessen Zweiteilung in

| Verstandeserkenntnisse, deren Begriffe sich in der Erfahrung geben. | und | transzendente Vernunfterkenntnisse |

Die vom Pragmatismus beeinflusste Theorie der Symbolischen Interaktion und die den Neukantianismus aufnehmende Verstehende Soziologie Georg Simmels und Max Webers zeichnen sich übereinstimmend dadurch aus, dass sie angesichts der Spannung zwischen den beiden verschiedenen Arten von Erkenntnis nicht einer allein die Qualität zuschreiben, wissenschaftliche Erkenntnis zu sein, sondern aus der Verbindung zwischen beiden die Wahrheit erwarten: „Die Struktur alles Verstehens ist innerlich Synthese zweier, von vornherein getrennter Elemente (...)" (G. Simmel 1972: 19ff).

4.2 Anselm Strauss: Forschungsorientierte Theoriebildung

4.2.1 Ausweitung und Verdichtung vorhandener Theorien

Anselm L. Strauss wurde 1916 geboren und starb 1996. Er promovierte 1945 an der University of Chicago und arbeitete dort von 1952 bis 1958 als „assistant professor". Dann erhielt er Gelegenheit, seine Kenntnisse der TSI auf Probleme der Psychiatrie anzuwenden: Er wurde 1958 bis 1960 Leiter eines Social Science Laboratory am Psychosomatic and Psychiatric Institute des Michael Reese Hospital in Chicago. Aufgrund seiner Vertrautheit mit sozialen Aspekten der Medizin erhielt er 1960 einen Ruf als Professor an die Medizinische Fakultät der University of California, San Francisco, wo er in der angegliederten School of Nursing bei der Ausbildung von Krankenschwestern mitwirkte und bis zum Ausscheiden aus dem aktiven Universitätsdienst blieb.

In seinen wissenschaftlichen Publikationen bekennt sich Anselm Strauss als Schüler Herbert Blumers (A. Strauss 1970: 46). Von ihm, so schreibt Strauss, habe er seine eigene Einstellung zur Theoriebildung übernommen. Blumer lehrt, dass nach seinen wie nach Meads Vorstellungen im Bewusstsein des Forschers Ergebnisse der Erfahrung und Ergebnisse der Begriffskonstruktion nebeneinander gegeben sind, die miteinander dem Erkenntnisfortschritt dienen. In einer Synthese, der das Modell eines spiralenförmigen Voranschreitens zugrunde liegt, treiben äußere Erfahrung und innere Einsicht einander weiter (H. Blumer 1969b: 156). Da-

bei darf nicht alle frühere Theorie verworfen und gleichsam am Nullpunkt begonnen werden. Strauss betont vielmehr die Notwendigkeit, kontinuierlich zu arbeiten und aus bisher schon vorliegender Theorie neue Theorie zu entwickeln. Er formuliert folgende Fragen:
1. Wie kann vorhandene Theorie verwendet werden, um extensivere Theorie zu formulieren?
2. Wie können wir die vorhandene Theorie verdichten, um dadurch zu gewährleisten, dass das Ergebnis einen höheren Integrationsgrad aufweist? (A. Strauss 1970: 47).

Als Merkmale von Theorie unterscheidet Strauss demnach zwei Dimensionen. Die Dimension der Extensivität oder Ausdehnung und die Dimension der Dichte. Extensivität bezieht sich auf die Breite der Anwendungsmöglichkeiten einer Theorie und Dichte darauf, wie viel sie in einem bestimmten Bereich erklären kann. Dem Fortschritt der Soziologie als Wissenschaft ist gar nicht damit gedient, wenn jeder Forscher von vorn beginnt und sich für die ihm gestellte konkrete Aufgabe eine eigene ad-hoc-Theorie schafft. Darum fragt Strauss ausdrücklich nach den Möglichkeiten, schon vorliegende Theorien, oder – wie man vielleicht im Anschluss an Blumer auch sagen könnte – Konzeptionen weiter zu entwickeln.

Um seine Prinzipien der Theoriebildung erläutern zu können, bezieht Strauss sich auf das Beispiel einer Arbeit von Fred Davis (F. Davis 1961). Darin wird die Frage untersucht, wie belastete Interaktion zwischen zwei Menschen, von denen einer einen sichtbaren Körperschaden hat, bewältigt werden kann. Schon die Benennung der Forschungsthematik macht deutlich, dass diese Theorie nicht sehr extensiv ist. Dagegen ist eine verhältnismäßig hohe Dichte zu vermuten. Die Theorie ist also zwar eng, aber dicht. Die Enge des Anwendungsbereichs wird deutlich, wenn man die einzelnen Variablen hervorhebt, auf die die Theorie sich bezieht. Es ist eine Theorie über belastete Interaktion, die die Beteiligten von Angesicht zu Angesicht unterhalten. Beteiligt sind zwei Personen, von denen eine ein sichtbares Handikap oder Stigma hat, während die andere unauffällig ist. Die Theorie beschäftigt sich mit dem

taktischen Vorgehen des körperlich benachteiligten Menschen. Sie ist vor allem darauf angelegt, die Stadien der Situationsbewältigung zu beschreiben und verständlich zu machen. Davis nennt als solche Stadien:
a) fingierte Akzeptanz,
b) Ermöglichung einer reziproken Rollenübernahme auf der Grundlage einer normalisierten Selbstprojektion,
c) Institutionalisierung innerhalb der Beziehung auf der Grundlage der Definition eines Selbst, das in moralischen Kategorien ‚normal' ist.

In dieser letzten Etappe wird also das ethisch-moralische Moment gegenüber dem körperlichen so stark hervorgehoben, dass die Definition von ‚Normalität' möglich wird.

Eine Erweiterung der Extensivität dieser Theorie, ein Herausführen also aus der Enge der Anwendbarkeit, ist nach Strauss dadurch denkbar, dass man die Theorie auf Interaktionssituationen ausweitet, an denen nicht nur zwei, sondern mehrere Personen beteiligt sind. Sodann wäre eine Ausweitung denkbar, wenn die Annahme fortfällt, dass die Beteiligten einander von Angesicht zu Angesicht begegnen, und wenn zusätzlich überlegt würde, wie sie bei einem Telefonkontakt miteinander interagieren. In allen diesen Fällen wird allerdings davon ausgegangen, dass es sich um eine erste Begegnung zwischen bisher noch nicht bekannten Menschen handelt. Diese Voraussetzung ist entscheidend, um die Stadien der Situationsbewältigung gleichsam von Anfang an konstruieren und beobachten zu können.

Zwei wichtige Annahmen, die Davis seiner Forschung zugrundelegt, sind die, dass die behinderte Person hier zum erstenmal einem bestimmten Menschen begegnet, mit dem sie bisher noch keine persönlichen sozialen Beziehungen gehabt hat, und dass sie die Hoffnung hat, dies möchte der Anfang einer länger andauernden Beziehung werden. Während des ganzen Vorgangs der Interaktion bemüht sich also die behinderte Person, ihr Handikap herunterzuspielen und die körperlich gesunde Person bemüht sich normalerweise, an diesem Spiel teilzunehmen: Beide Interaktionspartner versuchen in ihren Interaktionen die körperliche Benachteiligung zu übersehen. Davis interpretiert das so, dass die Interaktionssituation von dem Behinderten bewältigt werden muss, dass er dafür eine bestimmte Taktik entwickelt, und dass er den körperlich gesunden Interaktionspartner dabei zum Verbündeten oder Komplizen gewinnen muss.

Das heißt also, dass der körperlich Normale seine Zustimmung zu dem Spiel der definitorischen Normalisierung des Behinderten geben muss und dass dieses Spiel von vornherein scheitern würde, falls er sich ihm widersetzen oder ihm gleichgültig gegenüberstehen würde. Hinzu kommt als weitere Voraussetzung, von der Davis ebenfalls ausgeht, dass die Beziehung zwischen den beiden als belastet empfunden wird. Das bedeutet, dass das sichtbare körperliche Handikap mindestens unausgesprochen in der Interaktion wirksam ist und als Bedrohung des Sozialkontakts empfunden wird. Die Behinderung stellt daher eine Belastung für die normalen Interaktionsregeln im Sozialverkehr zwischen vergleichbaren gesunden Personen dar (A. Strauss 1970: 48ff).

Hierin freilich liegt eine weitere Einengung der Anwendbarkeit der Theorie; denn sichtbare körperliche Handikaps, die keine besondere Bedrohung für soziale Interaktionen darstellen, fallen nicht in ihren Geltungsbereich. Da sie sich darauf konzentriert, wie der behinderte Partner die Bewältigung der Situation plant und leistet, sagt sie verhältnismäßig wenig darüber aus, wie der körperlich gesunde Partner sich darin verhält. Außerdem bezieht sie sich speziell auf Menschen, die schon lange mit ihrem körperlichen Handikap leben mussten, und die darum Erfahrungen sammeln konnten, die ihnen bei der Bewältigung solcher Situationen behilflich sind. Es bedürfte einer Erweiterung der Theorie, um auch die Fälle einzubeziehen, in denen eine neuerdings erst erworbene körperliche Benachteiligung vorliegt.

Anselm Strauss führt alle diese Dinge nicht etwa aus, um die Theorie von Davis zu kritisieren. Vielmehr will er zeigen, welche Gedankenschritte, aufbauend auf schon vorhandenen und bewährten Theorien, der Erweiterung und Fortentwicklung dienen können. Er spricht von Ergänzung und schreibt, dass man sie zu leisten vermag, wenn man zusätzliche Kategorien oder Begriffe entwickelt, die ihrerseits zu neuem Denken Anlass geben. Die Auseinandersetzung mit solchen Kategorien führt zur Hypothesenbildung, wobei der gedankliche Prozess mit bedeutend größerer Aussicht auf Erfolg voranschreiten kann, wenn er sich gleichsam wie an einem Geländer an den schon bewährten vorhandenen Kategorien entlangtasten kann. Strauss macht auch das an einem Beispiel deutlich:

Man stelle sich vor, was geschieht, wenn in einer Begegnung von Angesicht zu Angesicht eine Person ein unsichtbares Handikap hat, obschon es potentiell sichtbar gemacht werden könnte. Dieser Handlungszusammenhang lässt sich nun vergleichen mit der von Davis schon erforschten Situation, in der ein sichtbares körperliches Handikap vorliegt. Es gehört nicht viel Einfühlungsvermögen dazu, um aus der bekannten, aufgrund theoretischer Analyse verstehbar gemachten Situation mit sichtbarer Benachteiligung hypothetisch auf jene mit unsichtbarem Handikap zu schließen. Wahrscheinlich wird infolge der verborgen bleibenden Behinderung die soziale Beziehung die Qualität des Geheimnisses enthalten, da der Benachteiligte unter Umständen so lange wie möglich sein Handikap zu verbergen suchen wird.

Strauss nennt das Beispiel einer Frau, die aufgrund einer Krebsoperation eine Brust verloren hat und nun unsichtbar unter ihrem Kleid eine Brustprothese trägt. Mit der gedanklichen Konstruktion dieses Beispiels haben wir einen Prozess eingeleitet, den Strauss interessanterweise als ‚theoretische Stichprobenbildung' bezeichnet (Ebd.: 49). Die gedankliche Bemühung um die Ausweitung einer vorhandenen, zunächst engen Theorie kann also zur Ausarbeitung einer Erhebungsauswahl führen, aufgrund derer sodann in der empirischen Forschung vorgegangen werden kann. Man müsste in diesem Fall versuchen, Interviews mit Personen durchzuführen, die ein unsichtbares körperliches Handikap in Analogie zu der aufgrund einer Operation entfernten Brust haben. Die Hypothese über das heimliche Verhalten müsste verfeinert werden, und dann könnte mit Hilfe empirischer Daten die Ausweitung der vorhandenen Theorie entlang der Dimension ‚sichtbares' – ‚unsichtbares' Handikap gelingen.

Da Davis in seiner Untersuchung, wie wir sahen, nur von Fällen ausgegangen ist, in denen die behinderten Personen schon seit langer Zeit Gelegenheit hatten, eine Interaktionsstrategie zu entwickeln, liegt außerdem das schon erwähnte Anliegen nahe, eine Erweiterung seiner Theorie entlang der Dimension ‚vor langer Zeit erworbenes Handikap' – ‚neuerdings erworbenes Handikap' vorzunehmen. Diese Überlegung führt wiederum zu einer neuen Erhebungsauswahl, in der möglichst alle schon untersuchten Variablen kontrolliert werden, während gerade solche Fälle interviewt werden müssten, bei denen die körperliche Benachteiligung erst in jüngster Zeit erworben worden ist.

Anselm Strauss führt sein Gedankenexperiment bis in konkrete Einzelheiten hinein fort. Er fragt, welche Personen, die in jüngster Zeit erst ein körperliches Handikap erworben haben, denn wohl für Interviews in Frage kommen. Strauss nennt Fälle, in denen Menschen einen Schlaganfall erlitten haben, der zur teilweisen Lähmung geführt hat, oder Fälle von unheilbaren Gesichtsverbrennungen oder von Gesichtsverletzungen aufgrund eines neuerdings erlittenen Autounfalls. Sie bilden die Stichprobe für die Kategorie derer, die noch keine Gelegenheit hatten, in langjähriger Erfahrung Strategien zur Bewältigung von Interaktionssituationen zu entwickeln. Auf der anderen Seite, als Angehörige der Stichprobe für jene, die sehr wohl Gelegenheit hatten, Erfahrungen bei der Entwicklung solcher Strategien zu sammeln, stehen Menschen mit angeborenen Stigmata. Die können wiederum von einer Art sein, aufgrund derer sie bei normaler Bekleidung des Körpers nicht sichtbar werden (Ebd.: 50).

Strauss liegen alle diese Beispiele darum sehr nahe, weil er als Mitglied einer medizinischen Fakultät sich für die sozialen Konsequenzen körperlicher Leiden wissenschaftlich interessierte. Während die bisherigen Überlegungen überwiegend dazu geeignet waren, die vorhandene Theorie in ihrem Anwendungsbereich auszuweiten, also ihre Extensivität zu vergrößern, gibt Strauss auch Beispiele dafür, wie eine Theorie dichter gemacht werden kann. Er bleibt bei dem Gedanken an ein unsichtbares Stigma und kehrt zu dem Beispiel der Brustoperation zurück. Das Verhalten einer Frau, die aufgrund einer Krebsoperation eine Brust verloren hat, muss sicherlich danach unterschieden werden, ob es sich um eine junge unverheiratete Frau handelt oder um eine junge Mutter oder schließlich um eine ältere Mutter. Bei demselben Thema muss ebenfalls unterschieden werden, ob der normale Interaktionspartner ein körperlich gesunder Mann oder eine körperliche gesunde Frau ist. Natürlich ist die Versuchung groß, all dies beiseite zu schieben mit dem Argument, solche Differenzierungen seien selbstverständlich. Strauss meint aber, dass alle diese Typen von Interaktionen begrifflich klar voneinander geschieden werden müssen, damit die Dichte der Theorie zunehmen kann und im Laufe des Fortschritts der Wissenschaft immer weitergehende Einzelheiten als Variablen eingebaut werden können: Alter der stigmatisierten Person, die Frage, ob sie ledig ist oder Kinder hat, die Frage, ob der gesunde Partner männlich oder weiblich ist.

Strauss geht noch einen Schritt weiter und stellt sich eine eheliche Beziehung vor, und dabei die intime Begegnung zwischen einer Frau, die eine Brust verloren hat, und ihrem Mann. Eventuell betrachtet die Frau sich selbst als hässlich und missgestaltet, ihr Mann sie jedoch nicht. Oder eine Situation, in der sie sich als Opfer eines harten Schicksals sieht, während er sie als Person und Frau ganz annimmt. Die gedankliche Beschäftigung mit den möglichen Fällen führt zur Konstruktion von Hypothesen, die in der Konfrontation mit empirischen Daten auf ihre Tragfähigkeit überprüft werden können, um der Verdichtung vorhandener Theorien zu dienen.

Strauss kommt es darauf an, zu zeigen, wie Theoriekonstruktion zu immer neuer Kreativität fortschreiten kann. Der Fortschritt wird ermöglicht durch die Bildung immer neuer Vergleichsgruppen: Es liegt eine Theorie vor über die Stufen der Interaktionsbewältigung in Beziehungen zu Personen, die ein sichtbares Handikap haben. Mit dieser Gruppe werden Personen verglichen, die ein unsichtbares Handikap haben. Personen mit langer Erfahrung in der Interaktionsbewältigung werden verglichen mit Personen, die erst neuerdings ihr Handikap erworben haben. Junge Frauen werden mit alten Frauen verglichen. Strauss zeigt, dass dieses kreative

Verfahren noch weiter fortgeführt werden kann: Man kann nun anfangen, innerhalb der Gruppe der körperlich gesunden Interaktionspartner Differenzierungen vorzunehmen. Dem repräsentativen Querschnitt durch die Normalbevölkerung kann man eine Population von geschulten Verhaltenstherapeuten gegenüberstellen, die aufgrund ihrer Ausbildung den stigmatisierten Menschen helfen können, besondere Strategien zur Interaktionsbewältigung zu entwickeln oder vorhandene Strategien zu modifizieren und zu stabilisieren. Bei jedem solchen Vergleich werden dann sowohl Übereinstimmungen als auch Unterschiede sichtbar. Welche Gruppen in der Forschung verglichen werden sollen, ergibt sich aus einem theoretischen Verfahren, aus dem neue Theorie hervorgeht. Strauss meint nicht, dass man sein Verfahren des Vergleichs von Gruppen bis ins Unendliche fortführen muss. Vielmehr prognostiziert er das Erreichen eines Reifestadiums. Er schreibt: „Core and subsidiary categories emerge" (Ebd.: 52).

Die Sammlung von Daten führt zu einer Sättigung der Kategorien. Auf verschiedenen Abstraktionsebenen werden Hypothesen formuliert, die die entwickelten Kategorien einschließen. Die Hypothesen werden validiert durch eine Datensammlungstechnik, die sich dem Theoriebildungsvorgang unterordnet. Spontane Einfälle, die amüsant oder interessant klingen, aber keinen inneren Zusammenhang zu dem bisher entwickelten Satz von theoretischen Formulierungen haben, müssen ausgeschieden und fortgelassen werden. Dadurch werden Scheinverknüpfungen ausgeschlossen und sichergestellt, dass die Entwicklung neuer Theorien auf der Grundlage vorhandener Theorien durch präzise, d.h. widerspruchsfreie Verknüpfungen legitimiert ist. Auf diese Weise ist es nicht nur denkbar, dass vorhandene Theorien durch Erweiterung ihrer Extensivität und ihrer Dichte ausgebaut werden können, sondern auch, dass eine Verknüpfung zwischen gleichrangigen vorhandenen Theorien geleistet wird.

Strauss weist darauf hin, dass z.B. eine Verknüpfung zwischen der erweiterten Theorie von Davis einerseits und der von ihm selbst in Zusammenarbeit mit Glaser entwickelten Theorie des ‚context of awareness' andererseits geleistet werden kann (B. Glaser u. A. Strauss 1965). Die ‚awareness theory' knüpft an bei der Vorstellung von vielfältigen Realitäten und ist dem Thomas-Theorem verpflichtet, nach dem die Interaktionspartner eine Definition der Situation leisten müssen, in der sie miteinander umgehen. Ein ‚awareness context' ist für Strauss und Glaser die Kombination all dessen, was jeder Handelnde in einer Situation über die Identität des anderen weiß und darüber, wie seine eigene Identität von dem anderen gesehen wird.

Als Beispiel nennen die Autoren den Regierungsbeamten und dessen Sekretärin, die eine Spionin ist. Da sie nicht erkennen lassen darf, wer sie wirklich ist, täuscht sie eine falsche Identität vor, hinter der sie ihre Identität als Agentin verborgen hält. Der Regierungsbeamte erfährt aber nach einer Weile doch, dass sie Spionin ist. Er lässt sich dies nicht anmerken, weil er ihr z.B. Dokumente zuspielen will, durch die ihre Auftraggeber irregeführt werden sollen. In der nächsten Phase der Beziehung merkt die Sekretärin, dass ihr Chef sie als Spionin erkannt hat. Sie täuscht aber vor, dies nicht gemerkt zu haben, weil sie einen für ihre Flucht günstigen Termin abwarten muss. Dies ist ein Beispiel für verschiedene Abfolgen von awareness contexts.

Entwickelt haben Glaser und Strauss das Konzept des ‚awareness context' in Zusammenhang mit Forschungen, die sie an sterbenden Patienten in Kliniken durchführten. Sie erfuhren z.B. im Gespräch mit einem Arzt, dass einer seiner Patienten unheilbar krank sei, dass man aber nach Ansicht des Arztes ihm den nahen Tod verheimlichen müsse, um ihn nicht hoffnungslos zu machen. Im Gespräch mit dem betreffenden Patienten stellte sich dann heraus, dass der sehr wohl wusste, wie es um ihn stand. Jedoch erklärte der Sterbende dem Interviewer, er wolle dem Arzt und den Schwestern gegenüber den Eindruck erwecken, als glaube er an seine Genesung, um ihnen die Arbeit nicht zu erschweren. So interagierten Arzt und Schwestern mit dem Sterbenden auf einer Ebene vorgetäuschten Nichtwissens.

Die Tatsache, dass jemand unheilbar krank ist, ist offensichtlich ein Beispiel für ein schweres Handikap. Hier sieht Strauss die Chance für eine Verknüpfung beider Theorien. Es mag sich um ein sichtbares oder um ein unsichtbares Handikap handeln. In jedem Falle wird die Nähe zu der von Davis entwickelten Theorie deutlich. Bei dem Beispiel der Interaktion zwischen dem Arzt, der so tut, als habe der Patient noch eine Chance, und dem Patienten, der so tut, als glaube er noch an seine Genesung, weiß man nicht genau, wer nun eigentlich wen hinters Licht führt. Bei diesen Beispielen für contexts of awareness geht es auch darum, wie die eigene Identität und die Identität des Partners interpretiert werden.

Glaser und Strauss haben schon 1964 einen gemeinsamen Artikel mit dem Titel „Awareness Contexts and Social Interaction" veröffentlicht (B. Glaser u. A. Strauss 1964). Sie unterscheiden dort vier Typen von awareness contexts:

1. open awareness context, der dann vorliegt, wenn jeder Teilnehmer der Interaktion sich der wahren Identität des anderen bewusst ist und sich auch bewusst ist, welche Identität der Partner ihm selbst tatsächlich zuschreibt;
2. closed awareness context, wenn einer der Interaktionspartner die wahre Identität des anderen nicht kennt oder nicht weiß, wie der andere seine eigene Identität einschätzt;
3. suspicion awareness context, wenn die Bedingungen von Fall 2 vorliegen, wenn aber der Interaktionspartner eine Vermutung über die wahre Identität des anderen hat oder darüber, dass der andere seine eigene Identität inzwischen erkannt hat;
4. pretense awareness context, wenn beide Interaktionspartner genau wissen, was der andere weiß, wenn sie jedoch vorgeben, die Wahrheit nicht zu kennen.

Wenn nun ein Interaktionspartner ein unsichtbares Handikap hat, dann wird er sich um Geheimhaltung seiner Behinderung bemühen und dadurch einen ‚closed awareness context' herbeiführen. Hat jemand ein sichtbares Handikap, dann kann er unter Mitwirkung des körperlich gesunden Partners so tun, als seien beide normal, und damit einen „mutual pretense awareness context" herbeiführen. Terminologie und Theorie beider Ansätze kann man also miteinander verknüpfen.

4.2.2 Verstehend-interaktionstheoretische Synthese zwischen Mikro- und Makrosoziologie

Die von Anselm Strauss zur Illustration seiner Konzepte herangezogenen Beispiele – Arzt-Patient-Interaktionen, soziale Prozesse in psychiatrischen Kliniken – stehen damit im Zusammenhang, dass Strauss einer der wenigen bedeutenden Soziologen ist, die schon zu Beginn ihrer wissenschaftlichen Karriere ihren Arbeitsplatz im Bereich der Medizin fanden. Als Mitarbeiter an der Psychosomatischen und Psychiatrischen Klinik des ‚Michael Reese Hospital' in Chicago publizierte er 1959 sein erstes einflussreiches Buch mit dem Titel „Mirrors and Masks. The Search for Identity". Das Werk ist wichtig für die Entwicklung der Verstehenden Soziologie und der TSI, weil der Verfasser darin eine zweifache Syntheseleistung vollbringt: Er verbindet erstens den sozialpsychologisch und primärgruppenorientierten Ansatz der frühen TSI (Cooley) mit der Makrotheorie der Sozialstruktur, und er rezipiert zweitens neben dem amerikanischen Pragmatismus auch die deutsche Verstehende Soziologie. Strauss zitiert in „Mirrors and Masks" sowohl Arbeiten von Cooley, Mead, Dewey, Blumer, Kenneth Burke, Erik Erikson, Everett Cherrington Hughes, Erving Goffman und Harold Garfinkel als auch Werke von Georg Simmel, Max Scheler und Karl Mannheim (A. Strauss 1959: 181-186).

Mit der Wahl des Themas ‚Identität' im Untertitel knüpft Strauss bei Erik Erikson an. Methodisch will er dabei die Zugangsweise der TSI verwerten, die anscheinend 1959, als das Buch erscheint, noch so wenig bekannt ist, dass er in seinem Vorwort erläuternd schreibt: Es handelt sich dabei um einen Standpunkt, der den Pragmatisten und den Werken mehrerer früherer Soziologen verpflichtet ist und der die zentrale Bedeutung der Sprache für menschliches Verhalten hervorhebt. Die TSI betone, dass die Ereignisse im zwischenmenschlichen Bereich offen und nicht voraussagbar sind: Interaktion wird als ein Vorgang betrachtet, der von Regeln, Normen und Ordnungen gesteuert wird, aber seine Resultate kann man im voraus nicht immer oder nicht völlig bestimmen. Diese Unbestimmtheit braucht für wissenschaftliches

Forschen kein Hindernis zu sein, sondern sie muss in die Überlegungen einbezogen werden (Ebd.: 10).

Obwohl Strauss sich ausdrücklich zur TSI bekennt, formuliert er die Absicht, deren Begriffe ‚Selbst', ‚Identität' und ‚Persönlichkeit' zu kritisieren, weil dabei der Einfluss der Sozialstruktur zu wenig berücksichtigt worden sei. Die sozialpsychologische Theorie behandelt Kleingruppen, nicht aber die Tatsache, dass der Mensch stets in gesellschaftliche Großstrukturen eingebunden ist und dass daher Effekte aus dem Makrobereich bis in Fragen der ‚Persönlichkeit' und der ‚Identität' hinein wirksam werden. Da andererseits die funktionalistische Theorie in Gefahr ist, den Menschen als Persönlichkeit zu wenig zu berücksichtigen, sieht Strauss eine seiner Aufgaben darin, eine Synthese anzubieten zwischen der persönlichkeitsbezogenen Sozialpsychologie und der strukturbezogenen Makrosoziologie. Dazu will er die TSI mit den Perspektiven sozialer Organisationsanalyse verbinden.

Ganz im Sinne der Thesen Meads betont Strauss, dass Sprache nicht eine Form menschlichen Verhaltens sei wie andere auch, sondern dass es die zentrale Verhaltensform sei. Sprachliche Begriffe bezeichnet er hier noch nicht als ‚categories', wie in dem schon behandelten Aufsatz (A. Strauss 1970), auch nicht wie Blumer als ‚concepts', sondern Strauss spricht in diesem Buch von ‚names', also von Namen und Benennungen: Ein Name ist wie ein Behälter; in ihn ‚hineingegossen' werden die bewussten sowohl als auch die kaum beachteten Bewertungen dessen, der den Namen gibt. Die große Bedeutung des Benennens wird daran sichtbar, dass bei Personen meist mit einem Initiationsritus ein Wechsel des Namens einhergeht (A. Strauss 1959: 16). Besonders einleuchtend ist das im Falle der Taufe oder der Namensgebung, wo der Mensch mit der Verleihung eines Namens überhaupt erst Mitglied seiner Familie und der sie umgebenden Gesellschaft wird. Aber auch der Wechsel des sozialen Status im Laufe eines Lebens geht häufig mit einem Namenswechsel einher. Das gilt in aller Regel für eine Frau bei ihrer Heirat und galt früher in der Katholischen Kirche bei der Firmung. Wenn der Wechsel des sozialen Status nicht so radikal ist wie in den vorher bezeichneten Fällen, genügt ein Zusatz zum Namen, der im übrigen beibehalten wird, z.B. durch die Verleihung eines Titels oder einer Amtsbezeichnung.

Im Akt der Benennung wird das Benannte in seiner Individualität mit dem Kollektivphänomen Sprache verknüpft. Auf die Person bezogen wirkt Benennung persönlichkeitsprägend und zugleich statusverleihend. Strauss spricht von einem Plazierungsprozess, in dessen Verlauf das individuell Benannte in eine kollektive Perspektive einrückt. Dabei wird die Zugangsweise des Pragmatismus sichtbar; denn Strauss sieht den Vorgang der Klassifikation als entscheidend für die Richtung des Handelns an: Die Benennung eines Gegenstandes bestimmt die Richtung der Handlung, gleichsam als ob das Objekt geradeheraus sagen würde: „Du willst, dass ich dies bin? Dann handle auch in der entsprechenden Weise mir gegenüber" (Ebd.: 22). Umgekehrt gilt ebenso, dass ein Subjekt, das von einem Gegenstand nicht weiß, worum es sich dabei handelt, nicht auf diesen Gegenstand hin handeln kann: Strauss konstruiert das Beispiel eines durstigen Menschen, der in der Dunkelheit ein Glas zum Munde führt, dessen Inhalt er für Milch hält. Auf Milch eingestellt, wird er entsetzt davor zurückschrecken, wenn es tatsächlich Tomatensaft ist.

So zeigt sich, dass jede Klassifikation zugleich auch Elemente der Bewertung einschließt. Benennungen tragen in sich nicht nur unsere Erwartungen, sondern auch unsere Bewertungen. Des Verfassers Begriffsbestimmung von ‚Wert' stimmt fast wörtlich mit der Georg Simmels überein (G. Simmel 1907: 8). Strauss schreibt: Ein Wert ist nicht ein Element; er hat vielmehr etwas zu tun mit der Beziehung zwischen dem Objekt und der Person, die Erfahrungen mit dem Objekt gemacht hat. Dies ist nur eine andere Form der Aussage, dass das ‚Wesen' der Objekte nicht in diesen Objekten seinen Ort hat, sondern in der Beziehung zwischen ihnen und dem, der sie benennt. Wert als eine Beziehung wird leicht sichtbar in Verbindung mit dem Adjektiv ‚nützlich' – nützlich für wen, unter welchen Bedingungen, zu welchem Zweck? (A. Strauss 1959: 24).

Das Benennen oder Identifizieren von Objekten ist nie abgeschlossen. Strauss bezieht sich auf Mead, der das Klassifizieren als

Bildung von Hypothesen interpretierte und die Meinung vertrat, Benennung sei ihrem Wesen nach ein Handeln, das die Rekonstruktion vergangener Erfahrung und dabei das Entstehen neuer Gegenstände mit sich bringe. Die ständige Notwendigkeit der Überprüfung des Prozesses der Benennung ist die Voraussetzung für Innovation und Wandel im Leben des Menschen (Ebd.: 26). Wenn im menschlichen Miteinander die Erwartungen immer erfüllt würden, wenn die Situationen und Ereignisse der Gegenwart exakt so einträfen, wie sie aufgrund vergangener Erfahrungen antizipiert wurden, könnte soziales Handeln vollständig ritualistisch sein, und die sprachlichen Konzepte in Bezug auf menschliches Handeln müssten für alle Zeiten statisch bleiben. Innovation, Wandel, Erneuerung hängen davon ab, dass Situationen mehrdeutig, unklar, nicht restlos definiert sind. Aus solchen Mehrdeutigkeiten entsteht der Anreiz zur Entdeckung neuer Werte (H.J. Helle 1980: 107f).

Strauss formuliert an verschiedenen Stellen Thesen, die sich später in den Arbeiten von Peter L. Berger (R. Hettlage 1991) wiederfinden. So weist Strauss z.B. darauf hin, dass die Wahrscheinlichkeit eines Alternierens in der Perspektive eines Menschen um so größer ist, je intensiver er an Gruppen teilhat, zu denen auch solche Menschen als Mitglieder gehören, die von ihm selbst sehr verschieden sind (A. Strauss 1959: 29). Für den, der nur mit seinesgleichen soziale Beziehungen unterhält, gibt es keine Chance für einen radikalen Wandel in der eigenen Wertorientierung. Alternative Handlungsmöglichkeiten, die sich in Auseinandersetzung mit Andersdenkenden als Vorstellungsinhalte ergeben, werden durch die Terminologien der beteiligten Personen begrenzt: Die Vorstellungen, die bei Beginn der Auseinandersetzung darin Eingang finden und auch die Vorstellungen, die am Ende des Streits bei den Beteiligten zurückbleiben, sind abhängig vom Vokabular der beteiligten Individuen (Ebd.: 30).

Wenn schon der Buchtitel ‚Spiegel und Masken' an den Begriff des ‚Spiegelselbst' bei Cooley erinnerte, so werden in dem Kapitel des Buches, das sich mit Selbsteinschätzung und Handlungsverläufen befasst, die Parallelen zu Cooley ganz deutlich sichtbar: Soziale Beziehungen werden in vielen Fällen von der Einstellung geprägt, die der einzelne seinem Selbst gegenüber hat, weil er sie dem Bewusstsein eines anderen zuschreibt. Darum schauen wir in den Spiegel, weil wir uns dann am ehesten vorstellen können, mit welchen Augen uns die anderen sehen. Der einzelne macht sich eine Vorstellung von sich aus der Perspektive anderer und entwickelt so das, was Cooley „self-idea" nennt. Vor dem Hintergrund dieser Lehre Cooleys, die auf Georg Simmel zurückgeht (H.J. Helle 2001: 40, 84ff), betont er, dass der Mensch nicht darauf verzichten kann, seine eigenen Handlungen zu beurteilen. Handlungen, die in seinem Leben eine bedeutende und zentrale Stellung einnehmen, werden womöglich im Laufe seiner Biographie mehrfach neu beurteilt. Auch dies ist ein Gedanke, den wir bei Peter L. Berger wiederfinden (P.L. Berger 1963: 54-65, 183).

Strauss führt die Bemerkung über die Neigung des Menschen, sein eigenes Tun zu beurteilen, zu der Aussage weiter, dass der Mensch in der Lage ist, sich selbst zum Objekt zu werden. Wenn eine Person die Handlungen einer anderen beurteilt, so tut sie das als ‚Subjekt'. Wird eine Handlung oder Person beurteilt, so ist sie insoweit ein ‚Objekt' der Beurteilung (A. Strauss 1959: 32). Das Bedeutsame am Menschen ist nun, dass er in der Lage ist, beides zugleich zu sein; sobald er gehandelt hat, kann er seine eigene Handlung zum Objekt des eigenen Urteils machen, das er als Subjekt fällt. Doch damit noch nicht genug. Er kann seinem Handeln gegenüber aus so vielen verschiedenen Perspektiven urteilen, wie ihm das aufgrund der ihm verfügbaren Sprache möglich ist, und die verschiedenen Terminologien und Sprechweisen erwirbt der einzelne als Ergebnis seiner jeweiligen Mitgliedschaft in verschiedenen sozialen Gruppen.

Strauss verbindet also den Vorgang des Erwerbs einer neuen Perspektive mit dem Vorgang des Erwerbs eines dazugehörigen Vokabulars und Sprachvermögens und das wiederum mit dem Erwerb der Mitgliedschaft in der entsprechenden Gruppe. Jeder gruppenspezifischen Perspektive entspricht eine eigene gruppenspezifische Sprache. Eines ist ohne das andere nicht artikulierbar.

Der Schritt von Cooley zu Strauss kann daher wohl so gesehen werden: Während Cooley bei seinem Konzept des Spiegelselbst noch verhältnismäßig global von den anderen spricht, mit deren Augen wir uns selbst betrachten, differenziert Strauss diese ‚Gruppe der anderen' in eine Reihe voneinander deutlich unterscheidbarer Teilgruppen, in deren Perspektive wir jeweils eintreten können, wenn wir unsere eigenen Handlungen und damit uns selbst beurteilen.

Ergebnis der Beurteilungen der eigenen Person durch sie selbst aus der Perspektive anderer ist das ‚Me'. Wir kennen von George Herbert Mead die Gegenüberstellung zwischen dem ‚I' und dem ‚me'. Im Unterschied zum kleingeschriebenen ‚me' findet sich nun bei Anselm Strauss ein großgeschriebenes ‚Me', von dem er im Anschluss an den Philosophen Kurt Riezler berichtet. Dieses ‚Me' kann verschiedenes bedeuten: Es kann sich um das ‚Me' von gestern handeln, oder um das von heute, oder das von morgen, oder es kann das ‚Me' aller Tage sein, oder das ‚Me' in dieser besonderen Handlung oder Situation, oder das ‚Me' aller denkbarer Handlungen und Situationen (Ebd.: 33; K. Riezler 1950: 80). Dabei kann die Frage auftauchen, ob alle ‚Mes', die das Ergebnis meiner früheren Urteile über mich selbst sind, haltbar waren, oder ob die Urteile und damit die daraus resultierenden ‚Mes' revisionsbedürftig sind. Das kann soweit gehen, dass sogar das zentrale Selbst, also die urteilende Instanz in unserer Person, in Frage gestellt wird.

Die Revisionsmöglichkeit von Urteilen über unsere Handlungen der Vergangenheit und das Element der Überraschung in Handlungen der Gegenwart führen dazu, dass die Zukunft des Menschen offen ist. Der Mensch ist insoweit frei, dem Unerwarteten einen Sinn zuzuschreiben, neue Bewertungen zu finden und die Situation definitorisch zu bestimmen. „Values are consummated and – now formulated – become targets for reattainment (...)" (A. Strauss 1959: 33). Strauss sieht Werte als etwas, dem nachgestrebt wird, und zwar unter vergleichbaren oder auch verschiedenen Bedingungen.

Diese Werte, die die Perspektiven der Beurteilung begründen, ganz im Sinne der Verstehenden Soziologie Max Webers, nach der im Anschluss an Rickert Kultur ohne eine Wertbeziehung nicht denkbar ist, finden Eingang in die Konstitution des ‚Me' als Objekt der beurteilenden Akte, die das ‚I' aus der Perspektive anderer vornimmt. Das ‚I' bewegt sich als Subjekt der verschiedenen einer ständigen Revision unterworfenen ‚Mes' kontinuierlich immer weiter in eine mindestens teilweise unbestimmte Zukunft hinein. So ergeben sich neue ‚Is' und neue ‚Mes', und sowohl Persönlichkeitsentwicklung als auch sozialer Wandel werden möglich (Ebd.: 34).

Strauss warnt vor einer einseitigen Sichtweise des Individuums, durch die es als nicht festgelegt und gar zu beliebig beeinflussbar beschrieben würde. Er erwähnt deshalb die Möglichkeit für den einzelnen Menschen, sich langfristig an einen Wert zu binden durch „dedication and devotion" (Ebd.: 41). Wer für lange Zeit als Mitglied einer Gruppe stark engagiert war, wird im Zuge der Verfolgung der Gruppenziele viel Kraft aufgewandt haben. Jede lang andauernde Identifikation mit einer bestimmten Überzeugung bedeutet zugleich immer auch die Bereitschaft zu dem, was Strauss ‚sacrifice' nennt, also zum Opfer. Jede Gruppe hat das Recht, als Gegenleistung für die von ihr verliehene Mitgliedschaft ein bestimmtes Maß an Opferbereitschaft von ihren Mitgliedern zu fordern. Das Individuum fordert von sich selbst solche Opfer und tut das aus der Perspektive der Gruppe gleichsam als sein eigenes Publikum. Man sieht hier, wie die Forderung nach Opferbereitschaft in direkter Verlängerung des Cooleyschen Konzepts des Spiegelselbst formuliert wird.

Die äußerste Steigerung des Opfers ist – auch für Strauss – die Selbsthingabe bis zum Tode. Man opfert sich gleichsam auf einem rituellen Altar als Zeichen der letzten Hingabe an den Wert, zu dem man sich bekennt. Ein Akt der Selbstaufopferung ist überindividuell und gehört einem größeren und umfassenderen Muster des Verhaltens an, welches etwaige unreine Motive des Individuums bei weitem transzendiert. Nur so wird auch verständlich, dass es Menschen gibt, die ohne Furcht und Zögern ihr eigenes Martyrium suchen. Das Handlungsmuster der Selbstaufopferung taucht in der Geschichte der Hochkulturen in mancherlei Formen auf, etwa als Selbstverbrennung buddhistischer Priester in Vietnam oder auch eines evangelischen Geistlichen in der damaligen DDR. Anselm Strauss weist darauf hin, dass das Wort ‚Märtyrer' aus dem Griechischen stammt und übersetzt werden kann mit dem Begriff ‚Zeuge'. Durch extreme Identifikation des Individuums mit dem Kollektivbewusstsein wird erreicht, dass der einzelne seine ganze physische und individuelle Existenz im Dienst an dem Zeugnis für den vom Kollektivbewusstsein repräsentierten Wert hingibt (Ebd.: 42).

In dem Kapitel „Interaction" wird in besonders einleuchtender Weise die Grundposition der interaktionstheoretischen Zugangsweise zur soziologischen Theoriebildung erläutert: Anselm Strauss bringt das anschauliche Beispiel einer Alltagssituation, in der ein Mann am Feierabend zu seiner Familie zurückkehrt, seine Frau ihm an der Haustür entgegenkommt, sie einander mit einem Kuss begrüßen, ein paar alltägliche Äußerungen austauschen und dann den Abend gemeinsam verbringen. Die Anordnung der Gegenstände in dem gewohnten Zimmer, die Begrüßung, die Worte, der Kuss, all dies stellt eine unübersehbare Vielzahl von Hinweisen dar, die Strauss hier, wie später auch Goffman, als ‚cues' bezeichnet, also als Signale, die einzeln gar nicht bewusst wahrgenommen werden und dennoch in ihrer Gesamtheit den Handelnden bestätigen, dass ihre Definition der Situation zutreffend ist. Zur Definition der Situation gehört selbstverständlich auch die Bestimmung der Identitäten der beteiligten Akteure. Beide gehen davon aus, dass sie einander restlos kennen und jeder das zu erwartende Verhaltensrepertoire des anderen einzuschätzen vermag.

Im Gegensatz zu dieser unproblematischen Alltagssituation lädt Strauss seinen Leser dann dazu ein, sich vorzustellen, wie es wäre, wenn eines Tages der Ehemann nach Hause kommt, wahrnimmt, dass die Begrüßung durch seine Frau nicht in der üblichen Herzlichkeit erfolgt, dass sie sich schnell ohne ein weiteres Wort von ihm zurückzieht, dass ihm ihre Gesten als fremdartig erscheinen, dass im Zimmer eine überraschende Unordnung herrscht und dass er so insgesamt verunsichert sich fragen muss, ob seine übliche Alltagsdefinition der Situation noch zureicht, um das zu erklären, was er heute und hier bei seiner Rückkehr von der Berufsarbeit erfährt (Ebd.: 46).

Mit dem Infragestellen der Definition der Situation wird womöglich zugleich die richtige Einschätzung der Identität des Partners in Frage gestellt: Ist sie wirklich die, für die ich sie immer gehalten habe? Natürlich, schreibt Anselm Strauss, weiß der Ehemann, wer sie ist. Er kennt ihren Namen, er kennt ihren allgemeinen Sozialstatus als Tochter, Ehefrau, Mutter. Er weiß aber nicht, in welcher Rolle sie ihm hier heute begegnet. Ist sie krank, mit sich selbst beschäftigt, ärgerlich, voller Vorwürfe ihm gegenüber oder was sonst? Angesichts der Ratlosigkeit versucht der Ehemann wahrscheinlich, die zunächst fremdartig erscheinenden ‚cues' als Signale zu identifizieren, die ihm doch in der Vergangenheit schon einmal begegnet sind; er sucht also in der Erinnerung, um die heutige Überraschung durch ihren Rückbezug auf bereits bekannte Muster aufzulösen – in der Absicht, sich vom Gefühl der Ratlosigkeit zu befreien. Dies ist darum so bedeutsam, weil das Erlebnis der Unfähigkeit, eine Deutung der Situation zu leisten, zugleich die eigene Identität des Ehemannes in Frage stellen würde.

Der einzelne wird als Ergebnis seiner Verunsicherung bemüht sein, die Situation dadurch zu verstehen, dass er sie auf Erfahrungen bezieht, die er in der Vergangenheit gemacht hat und die ihm infolgedessen eventuell Erklärungsmuster und Definitionsmöglichkeiten vermitteln. Wenn ihm dies jedoch misslingt, muss er seine eigene Identität mit in Frage stellen. Anselm Strauss formuliert die Frage: „Who am I in this situation?" (Ebd.: 47). Dadurch, dass die Situation problematisch wird, werde ich, wird meine eigene Identität mit problematisch. Eine sinnhafte Deutung der Situation hängt davon ab, dass ich zusammenhängende Muster erkennen kann, dass ich unterscheiden kann, welche Elemente der Situation bedeutsam und welche unbedeutend sind, was hier wichtig ist und was nicht, und das bezieht sich auch auf mich und meine eigene Person. So erklärt sich denn wohl auch der Ärger oder gar die Wut, mit der Menschen auf unvorhergesehene Ereignisse reagieren: Das In-Frage-Stellen ihrer Deutungsschemata, mit denen sie üblicherweise Alltagssituationen erfolgreich gemeistert haben, erleben sie mindestens halb bewusst zugleich auch als Infragestellung ihrer Identität. Das aber wird mit Recht als Bedrohung erlebt.

Auf der Flucht vor derartigen Bedrohungen der eigenen Identität beginnen Personen nach Perspektiven zu suchen, aus denen ein Verstehen der Situation möglich wird. Die gleiche Handlung, die gleiche Situation kann ja aus unterschiedlichen Perspektiven ganz unterschiedlich gedeutet werden. Wir hatten gesehen, dass Perspektiven als Resultate von Mitgliedschaften in spezifischen Gruppen gewonnen werden. Die Mitgliedschaft in solchen Gruppen führt zum Erwerb der gruppenspezifischen Perspektive, die gekoppelt ist an eine gruppenspezifische Sprache. Je mehr Mitgliedschaften wir in verschiedenen Gruppen erwerben, und je besser es uns gelingt, die verschiedenen dazugehörenden Perspektiven zu einem sinnvollen Zusammenhang zu integrieren, desto reichhaltiger wird die Identität, die wir aufbauen. Finden wir uns nun mit einer Situation konfrontiert, die aus keiner der gerade verfügbaren Perspektiven heraus als deutbar erscheint, muss der Eindruck entstehen, dass unsere Identität unzureichend differenziert und gefestigt ist, und dass daher die Notwendigkeit gegeben sein kann, weitere Gruppenmitgliedschaften zu erwerben, um weitere Perspektiven mit den dazugehörigen Sprachen hinzugewinnen zu können.

Vor dem Hintergrund dieser Überlegungen ist die Erzeugung überraschender Situationen durch nonkonformistisches Verhalten einzelner je nach dem wertenden Standpunkt, den jemand einnimmt, entweder zu beurteilen als Beitrag zur Persönlichkeitsentwicklung und zum sozialen Wandel, oder als Angriff auf die psychische Gesundheit einzelner und die Stabilität der sozialen Verhältnisse. Freilich ist es in manchen Situationen auch denkbar und sinnvoll, bei der Deutung unvorhersehbarer und überraschender Verhaltensweisen beides zu unterstellen: Die psychische Gesundheit einzelner mag bewusst aufs Spiel gesetzt werden, um dadurch den Wandel sozialer Bedingungen zu erzwingen.

Doch der Gedanke an Zwang liegt dem interaktionstheoretischen Ansatz fern. Anselm Strauss kommt es in seinem Buch darauf an, die Bedingungen zu untersuchen, unter denen Menschen in Freiheit miteinander umgehen können. Die Freiheit des Individuums muss sich insbesondere daran erweisen, dass es in der Lage ist, seinem eigenen Handeln und der Situation, in der es sich ereignet, einen Sinn zu geben. Die Überlegungen, die Strauss zum Thema Sinngebung anstellt, ordnet er der Kategorie ‚motivation' zu. Dabei argumentiert er in weitestgehender Übereinstimmung mit der Verstehenden Soziologie: Eine Situation verstehen heißt, den Vorgang der Situationsdefinition nachzuvollziehen. Dazu gehört, dass das Subjekt sich selbst verdeutlicht, wie es gehandelt hat und wie es demnächst handeln wird. Zur Verdeutlichung dieser Situationsinterpretation bedarf das Subjekt eines ‚motivational statement'. Eine solche Motivationsaussage enthält eine Rechtfertigung für das Handeln des Subjekts. Strauss schlägt vor, zwischen dieser Aussage, die der Handlung ihren Sinn gibt einerseits, und der Handlung selbst andererseits nicht zu unterscheiden. Handlung und Sinngebung verschmelzen zu einem einzigen Kulturphänomen (A. Strauss 1959: 51).

Dabei wird eine Reihe von Problemen sichtbar, wenn man sich verdeutlicht, dass die zugeschriebenen Motive häufig nicht die wahren sind. Gegenüber der Öffentlichkeit kann das handelnde Subjekt für sein eigenes Tun Motive vortäuschen, die in Wahrheit nicht der subjektiv gemeinte Sinn der Handlung waren. Das Bewusstsein um diese Zusammenhänge veranlasst Personen, die sich um Sinnverstehen bemühen, unter Umständen nicht die an der Oberfläche liegenden Motivationszuschreibungen zu akzeptieren, sondern bewusst in tieferen Schichten nach tatsächlich oder vermeintlich wahren Motivationen zu suchen.

Anselm Strauss wendet sich einem Beispiel aus der Psychiatrie zu. Zunächst geht er von der allgemeinen Aussage aus, dass es immer bedenklich ist, wenn eine Person glaubt, die Handlungen einer anderen genauer verstehen zu können als der Handelnde selbst dies anscheinend tut. Immer wieder sind Psychiater etwa davon überzeugt, die wahren Motive eines Patienten genauer zu kennen als dieser selbst. Darin liegt die Gefahr einer gespaltenen Kommunikation, die auf verschiedenen Beziehungsebenen zu unterschiedlichen Ergebnissen kommt.

Strauss berichtet von einem schizophrenen Patienten, der offen zutage liegende Inhalte verbaler Aussagen nicht zur Kenntnis nimmt, sondern als Inhalt der Nachricht nur das auf sich bezieht, was seiner Meinung nach unter der Oberfläche der Aussage verborgen liegt. In dem Beispiel führt das wiederholte Verhalten des schizophrenen Patienten zu der Überzeugung bei ihm selbst, dass er über ein ungewöhnliches Maß an Intuition verfüge, aufgrund dessen er verborgene Sinngehalte enthüllen könne.

Auch von Patienten mit einer Tendenz zu Paranoia berichtet Strauss, dass sie sich in einem solchen Milieu der Suche nach verborgenen Sinngehalten unter Umständen sehr wohl fühlen. Interessant ist dabei, dass man in einer psychiatrischen Klinik die Konzentration auf ‚verborgene' Kommunikationsinhalte nicht nur bei Patienten antrifft. Auch Psychiater neigen im Umgang miteinander dazu, den manifesten Inhalt ihrer Aussagen zu ignorieren und stattdessen nach dem zu suchen, was ihrer Meinung nach latent ‚tatsächlich' dahintersteckt. So kann es sein, dass ein älterer Psychiater den verdeckten Protest eines jüngeren Kollegen als Rebellion gegen eine Vaterfigur interpretiert. Psychiater neigen offensichtlich dazu, solche Deutungen nicht nur zu ihrer eigenen Beruhigung zu produzieren, sondern sie auch dem Partner nahezubringen, in der Absicht, ihm klarzumachen, wie die Dinge im Grunde liegen. Wenn der Partner darauf eine abwehrende Haltung einnimmt, so mag es sein, dass der Initiator der Interpretation darin eine Bestätigung seiner Deutung sieht. Er wird mit noch größerem Eifer die von ihm konzipierte Interpretation vertreten und dadurch die Chance gewinnen, dass er seinen Partner von der Richtigkeit überzeugt, selbst wenn sie objektiv nicht gegeben war. So kann der bekannte Mechanismus einer sich selbst erfüllenden Prophezeiung eingeleitet werden und die Form einer Mystifikation annehmen.

Doch diese und ähnliche Einsichten, die sich aus dem interaktionstheoretischen Ansatz entwickeln lassen, befriedigen Anselm Strauss nicht. Ihm kommt es darauf an, die Wirksamkeit sozialstruktureller Einflüsse in sozialen Beziehungen deutlicher zu machen. Dazu geht Strauss vom Modell einer Paarbeziehung aus, in der zwei Menschen einander von Angesicht zu Angesicht begegnen, um eine bestimmte Rolle zu spielen. Die Gefahr des Terminus Interaktion sieht er darin, dass dieser Begriff nicht nur einiges verdeutlicht, sondern auch einiges verschleiert. Er verschleiert potentiell insbesondere den Umstand, dass in der Begegnung zweier Menschen ja viel mehr geschieht als nur die Konfrontation von zwei Individuen. In ihrem Rollenspiel repräsentieren die Handelnden soziale Gruppen.

Zwar sind in dem Beispiel von Strauss physisch nur der Handelnde A und der Handelnde B präsent. Aber A ist offizieller Repräsentant seiner Gruppe, und daher handelt er möglicherweise so, als wäre seine Gruppe ebenfalls gegenwärtig und mit einigen ihrer Mitglieder oder gar mit allen Zeuge der Begegnung zwischen A und B. A wird also sein Verhalten und seine verbalen Äußerungen so wählen, dass er in Gedanken das zustimmende Kopfnicken der Mitglieder seiner Gruppe dadurch erzeugt und es daher an ihnen ebenso orientieren wie an seinem unmittelbaren Interaktionspartner B. Wenn der Begriff der Rolle so interpretiert wird, erscheint er in einem anderen Licht, als wenn man Rolle im Kontext der strukturell-funktionalen Theorie versteht. Rolle ist hier Konsequenz der Mitgliedschaft in einer konkreten Gruppe. Es ist ein Verhalten, das von den Erwartungen dieser Gruppe gesteuert wird, und das gedeutet werden kann aus der Perspektive, welche durch die Mitgliedschaft in der betreffenden Gruppe gewonnen wird.

Das Verstehen von Interaktion wird dadurch komplizierter, dass viele Reaktionen nicht voll bewusst geschehen. Strauss weist darauf hin, dass in jeder denkbaren Situation das folgende eintreten kann (Ebd.: 58):

1. A kann auf eine absichtliche Geste von B bewusst reagieren.
2. A kann auf eine unabsichtliche Geste von B bewusst reagieren (z.B. den Ton der Stimme oder die Bewegung einer Hand von B).
3. A kann auf eine bewusste Reaktion des B in einer Weise reagieren, die ihm selbst nicht völlig klar wird.

4. A kann unbewusst reagieren auf eine Handlung, die dem B ebenfalls nicht voll bewusst war.

Strauss fordert seine Leser dazu auf, diese vier Möglichkeiten noch dadurch zu verdoppeln, dass jeweils A und B gegeneinander ausgetauscht werden. Dabei wird das Bild noch komplizierter, wenn man berücksichtigt, dass eine Geste oder verbale Mitteilung dem Betreffenden, von dem sie ausgeht, zwar in dem Moment, in dem er sie produziert, in ihrer Bedeutung nicht voll bewusst werden mag, dass ihm ihre Bedeutung aber sofort anschließend klar werden kann. In einem derart komplizierten Interaktionsmodell wird leicht sichtbar, wie groß beim Verstehen die Gefahr eines Fehlurteils ist. Jeder Interaktionspartner hat die Aufgabe, bei seinem Gegenüber dreierlei Dinge zu beurteilen:
1. Die allgemeine Absicht, die der Partner in der Situation verfolgt.
2. Die Einstellung des Partners sich selbst gegenüber.
3. Die Einstellungen und Gefühle des Partners gegenüber dem Beobachter der Situation.

Selbstverständlich bestehen zwischen diesen drei Bewertungsaufgaben enge Wechselbeziehungen (Ebd.: 59).

Zum Verstehen konkreter Interaktionssituationen ist es daher notwendig, nicht nur die individuellen Faktoren einzubeziehen, sondern auch die strukturellen. Freilich setzt der Vorgang des Verstehens eine möglichst umfassende Kenntnis der sozialen Beziehungen voraus, in denen die Interaktionspartner stehen, d.h. auch eine Kenntnis der Mitgliedschaften und jener sozialen Gruppen, innerhalb derer sie bestehen. Angesichts der Komplexität des Themas ‚Interaktion' warnt Strauss davor, durch ein wissenschaftliches Vokabular im Umkreis der Begriffe ‚Signal', ‚Reiz', ‚Reaktion', ‚das Unbewusste', ‚Bedürfnis', ‚Triebe', ‚Rollenspiel', ‚Status', ‚Selbstbewusstsein' die Komplexität zuzudecken, anstatt sie in allen Einzelheiten dem Wissenschaftler bewusst zu machen. Weitere Differenzierungen müssen angebracht werden, weil es einerseits Personen gibt, die sich selbst kaum beobachten und daher ihr objektives Verhalten nicht beurteilen können, während wir andererseits Menschen begegnen, die sehr viel über sich nachdenken und folglich zu einer objektiven Wertung ihres eigenen Tuns viel leichter in der Lage sind.

Strauss weist darauf hin, dass Interaktion nicht eine Serie isolierter Momente sei. Die Wechselwirkung, die bei der Begegnung von Angesicht zu Angesicht zwischen Menschen stattfindet, ähnelt vielmehr einem dramatischen Prozess mit Kontinuität. Interaktionen laufen in Phasen ab und haben häufig den Charakter eines Schauspiels mit dramatischen Höhepunkten, selbst wenn sie die Subjekte an den Ausgangspunkt ihrer Interaktion zurückführen und sie also nicht eigentlich voranbringen. Auch Gespräche laufen nach bestimmten Mustern ab. Strauss zitiert Herbert Blumer, der von dem ‚Entwicklungscharakter' und von der ‚variablen Karriere' der Interaktion gesprochen hat (Ebd.: 62).

Da sich eine länger andauernde Interaktion in Phasen einteilen lässt, hält Strauss es für sinnvoll, von einem strukturierten Interaktionsablauf zu sprechen. Dabei unterscheidet er zunächst den Fall einer Einheitsstruktur, bei dem nur ein Satz möglicher Statusbeziehungen in die Interaktion Eingang findet, also etwa nur die Beziehung Vater-Sohn, von einer multistrukturellen Beziehung. Von ihr spricht er dann, wenn die sozialen Kontexte wechseln können, von denen her die Interakteure ihre soziale Beziehung deuten: Multistrukturell ist demnach eine Beziehung etwa, wenn die Interaktcure einander bald als Arzt und Ärztin, die Berufskollegen sind, bald als Mann und Frau mit sexueller Attraktion, bald wieder als Glieder einer Kirchengemeinde begegnen (Ebd.: 74). Dieser Ansatz eröffnet interessante Möglichkeiten für eine Anwendung in der Soziologie der Familie und insbesondere der Ehe. Man könnte im Anschluss an Strauss' Unterscheidung prüfen, ob es für die Stabilität einer Ehe in der Industriegesellschaft ausreichend ist, wenn sich die Partner nur in der Dimension Ehegatte-Ehegattin begegnen. Vielleicht erfordert ein befriedigendes und dauerhaftes Interagieren unter den Bedingungen der Industriegesellschaft zumal im Privatbereich die Fähigkeit, die Interaktion multistrukturell auszugestalten.

Strauss wendet sich nochmals dem Thema ‚Psychiatrie' zu. Ihn interessieren die Publikationen des Psychiaters Harry S. Sullivan über pathologische Interaktion: Ein Patient kommt zu Sullivan in die Sprechstunde, und anstatt sich wie ein Patient einem Psychiater gegenüber zu verhalten, handelt der Patient wie ein Sohn seinem Vater gegenüber. Es ist die Aufgabe des Psychiaters, jede Phase der Interaktion von der vorhergehenden und der folgenden deutlich zu unterscheiden. Für Anselm Strauss kommt es nun darauf an zu zeigen, dass das Verhalten des Patienten gegenüber dem Psychiater eine strukturierte Interaktion ist, während das Verhalten eines Sohnes gegenüber dem Vater so von persönlichen Erfahrungen aufgeladen ist, dass es keine vergleichbar strukturierte Gestalt hat. Die Vater-Sohn-Beziehung enthält persönliche Bilder. Im Vergleich dazu ist die Beziehung zwischen Psychiater und Patient stärker von sozialen Normen determiniert. Tatsächlich sind beide Aspekte der Beziehung eng ineinander verflochten, und Anselm Strauss diskutiert die Unterscheidung hier, um schließlich das Fazit zu ziehen, dass Interaktionen generell sowohl eine strukturelle als auch eine personale Seite haben. Was er nicht ausdrücklich folgert, was aber dem Gang seiner Argumentation entsprechen würde, ist die Konsequenz, dass die strukturell-funktionale Rollentheorie nur die strukturelle Seite der Interaktion hervorhebt, aber die personale ignoriert, während die psychiatrische Interaktionstheorie dazu neigt, die personale Seite einseitig hervorzuheben, dagegen die strukturellen Elemente von Interaktion zu ignorieren (Ebd.: 75).

Schließlich betrachtet Strauss ‚Interaktion' unter dem Gesichtspunkt der sozialen Kontrolle und der Stabilisierung von sozialem Status. Er weist auf Max Schelers (W. Bühl 1991) Beitrag zur Soziologie des affektuellen Handelns hin und betont, dass jede Gesellschaft nach Schelers Ansicht Mittel hat, mit deren Hilfe sie bei ihren Mitgliedern das Gefühl von Beschämung hervorrufen kann. Für Strauss ist dies ein Sonderfall. Das allgemeinere Konzept sieht er darin, dass Gruppen unterschiedlicher Größe und Zusammensetzung in der Lage sind, ihre Mitglieder in bestimmte Formen der Identität hineinzuzwingen. Der Zustand der Beschämung ist dabei ein Beispiel für vorübergehende Identitätszuweisung. Strauss spricht von „status-forcing" (Ebd.: 77), also von erzwungener Zuweisung eines sozialen Status. Er zitiert die Dissertation, mit der Erving Goffman 1953 an der University of Chicago promovierte: „Communication Conduct in an Island Community". Darin erläutert Goffman, wie durch die Technik erzwungener Statuszuweisung soziale Kontrolle ausgeübt wird mit dem Ziel, eine Konversation, an der mehrere beteiligt sind, geregelt ablaufen zu lassen (Ebd.: 78).

Ebenfalls in diesen Zusammenhang gehört die Arbeit, die Harold Garfinkel unter dem Titel „Conditions of Successful Degradation Ceremonies" 1956 veröffentlicht hat (H. Garfinkel 1956: 422f). Darin geht es Garfinkel um die Mechanismen, mit deren Hilfe einer Person ihre öffentliche Herabwürdigung aufgezwungen wird. Garfinkel erarbeitet sechs Voraussetzungen für erfolgreichen öffentlichen Statusentzug:

1. Sowohl das Ereignis als auch die Abweichler müssen aus dem Bereich des Alltagsgeschehens entfernt und so definiert werden, dass sowohl ihr Tun als auch sie selbst als etwas Außerordentliches angesehen werden.
2. Derjenige, der die Degradierung vornehmen will, muss sich den Zeugen gegenüber als jemand definieren, der nicht als Privatperson, sondern gleichsam im öffentlichen Auftrag handelt.
3. Er muss sich dabei auf die Würde überpersonaler Werte beziehen, die Werte kenntlich und leicht zugänglich machen und den Statusentzug im Namen dieser Werte vornehmen.
4. Er muss eine Situation schaffen, in der ihm das Recht zuerkannt wird, im Namen solcher höchsten Werte zu sprechen.
5. Er muss dafür sorgen, dass die Zeugen des Degradierungsprozesses ihn so definieren, dass er als jemand angesehen wird, der die sanktionierten Werte unterstützt.
6. Die degradierte Person muss rituell abgetrennt werden von der legitimen Ordnung, d.h. sie muss definiert werden als jemand, der Außenseiter oder Fremder ist.

Außer auf Goffman und Garfinkel bezieht Anselm Strauss sich auch auf Orrin E. Klapp, der mit seiner Arbeit „The Fool as a Social Type" 1949 gezeigt hat, wie jemand zu einem Narren gestempelt werden kann. Klapp hat diese Arbeit später zu einem Buch erweitert und 1962 unter dem Titel „Heroes, Villains and Fools" publiziert (O.E. Klapp 1949; O.E. Klapp 1962). Das Zum-Narren-Machen ist ein kollektiver Definitionsvorgang, für den es nicht unbedingt notwendig ist, dass die betroffene Person sich tatsächlich kontinuierlich närrisch verhält. Eine Person wird zu einem Narren, wenn sie als Narr definiert wird. Was aber ist die Voraussetzung dafür, dass die Bezeichnung als Narr auch wirklich an der betreffenden Person haften bleibt? Orrin Klapp nennt vier solche Voraussetzungen:

1. Wiederholtes Sichtbarwerden von offenkundigen Persönlichkeitsmerkmalen, die die Zuweisung der Rolle eines Narren kontinuierlich nahelegen.
2. Ein auffälliges, schlüssiges und farbenprächtiges Ereignis, in dem der Betroffene für die Öffentlichkeit überzeugend darlegt, dass er ein unheilbarer Narr ist.
3. Eine Geschichte, die so gut ist, dass sie immer wieder erzählt und über lange Zeit erinnert wird und aus der eine unverlierbare Legende wird, und
4. die Unfähigkeit des Betroffenen, der Rolle des Narren dadurch zu widersprechen, dass er andere Rollen spielt und dass anderes über ihn berichtet wird (A. Strauss 1959: 79).

Das Problem der erzwungenen Statuszuweisung als Mittel sozialer Kontrolle lässt sich theoretisch nur bearbeiten, wenn man zugleich die Zuweisungsagenturen betrachtet. Zuweisungsmaßnahmen können von Gerichten, von Eltern, von Geistlichen und von gewalttätigen Menschenansammlungen vollzogen werden. Strauss warnt auch hier vor Einseitigkeiten der Betrachtung. Zwar hat der institutionelle Rahmen große Bedeutung in diesem Zusammenhang, aber auch jeder einzelne Mensch kann in besonderen Situationen in die Lage kommen, die Aufgabe der Statuszuweisung zu vollziehen. Zwar ist es normalerweise der Arzt, dem die Zuweisung der Patientenrolle obliegt. Wenn aber kein Arzt vorhanden ist, dann kann auch ein Freund, ein Familienmitglied oder sogar ein fremder Mitmensch in die Lage geraten, dem einzelnen den Patientenstatus zuzuweisen.

In einer Zeitungsmeldung aus Chicago wird beschrieben, wie ein in einer Gaststätte an der Bar arbeitender Mann einen anderen niederschießt, der das Lokal betritt, um es zu berauben. Nachdem der Barkeeper den Räuber niedergeschossen hat, beugt er sich über den Schwerverletzten und fragt ihn, ob er getauft sei. Als er keine eindeutige Antwort erhält, vollzieht er den Ritus der Nottaufe an dem Sterbenden, den er kurz zuvor niedergeschossen hat. In hoher Geschwindigkeit hat der Mann an der Bar dem Eindringling nacheinander den Status des Kriminellen und den des erlösungsbedürftigen und zur Erlösung berufenen Christen zugewiesen (Ebd.: 80). Er konnte diese beiden Zuschreibungen vornehmen, weil er sowohl Mitglied eines Milieus in Chicago war, in dem Kriminalität häufig auftritt und wirksam bekämpft werden muss, als auch offensichtlich Mitglied einer Religionsgemeinschaft, in der man sich über den Status Verstorbener im Jenseits Gedanken macht.

Man kann also die Zuschreibungen, die jemand vornimmt, in Abhängigkeit von den Mitgliedschaften verstehen, die er innehat. Strauss behandelt Mitgliedschaft als symbolisches Phänomen. Das Gruppenleben hängt von den Wegen der Kommunikation ab. Aber Verständigung darf nicht nur aufgefasst werden als Übertragung von Inhalten auf dem einen oder anderen Wege. Kommunikation bezeichnet Strauss auch als gemeinsame Teilhabe an Sinngehalten. Mit ‚gemeinsamer Teilhabe' ist dabei gemeint, dass mehrere Personen einander verstehen und dass aus dem Prozess des kommunikativen Austauschs, in dem sie miteinander stehen, gemeinsame Begriffe und eine gemeinsame Sprache hervorgehen und stabilisiert werden.

Strauss betont hier wie auch zu Beginn seines Buches die Bedeutung der Sprache. Die Mitglieder von Gruppen brauchen eine ihnen gemeinsam verständliche Terminologie, um ihr Handeln koordinieren zu können. Die Bildung von Gruppen erfolgt um Inhalte herum, über die Einverständnis besteht, und auf der Grundlage gemeinsamer Erfahrungen bilden die Mitglieder eine übereinstimmende Terminologie heraus. So ist die Konstitution einer Gruppe von Menschen primär nicht ein physischer, sondern ein symbolischer Vorgang. Es gibt sogar Zusammenschlüsse, deren Existenz sich auf symbolische Inhalte beschränkt. Solche Gruppen sind Vorstellungsinhalte und nur durch symbolische Kommunikation im Handeln wirksam. Ihnen fehlt eine biologisch oder geographisch reale Existenz (Ebd.: 148ff).

Damit steht Strauss vor der Schwierigkeit einer empirischen Bestimmung von Mitgliedschaft. Ist diese schon problematisch, so wird das Bild noch komplizierter, sobald man berücksichtigt, dass es Gruppen gibt, die das Handeln von Menschen prägen, obwohl sie offensichtlich dort gar keine Mitglieder sind. Er weist auf die Unterscheidung zwischen ‚membership groups' und ‚reference groups' hin, also zwischen Mitgliedschaftsgruppen und Bezugsgruppen. Muzafer Sherif hat in seiner Untersuchung militärischer Einheiten behauptet, dass die Streitkräfte des Landes und ihre Offiziere die Wirkung einer Bezugsgruppe haben, an der Rekruten sich mehr orientieren als an der informell gebildeten Gemeinschaft, der sie physisch tatsächlich angehören. Dagegen haben Merton und Kitt bestritten, dass es sinnvoll sei, zwischen Bezugsgruppen und Mitgliedschaftsgruppen eine scharfe Trennungslinie zu ziehen. Weil sich der Mensch in der Industriegesellschaft an vielfältigen Zusammenschlüssen orientiert, sei es Aufgabe des Sozialwissenschaftlers, bei der Erforschung einer konkreten Handlungssituation herauszufinden, mit Bezug auf welche Gruppe oder als Mitglied welcher Gruppe der betreffende in dieser Situation tatsächlich handelt.

Strauss empfindet diese verschiedenen Zuweisungen als unbefriedigend. Ob von multipler Gruppenmitgliedschaft die Rede ist, von Bezugsgruppenmitgliedschaft oder von der Orientierung sozialen Handelns an Gruppennormen und Bezugsrahmen, die aus Gruppen gewonnen werden, alle diese Ansätze treffen nicht genau das, worauf es ihm ankommt. Für ihn steht im Zentrum des Problems die Tatsache, dass Mitgliedschaft symbolischen Charakter hat. Daraus folgt, dass sie, ebenso wie das soziale Gebilde, innerhalb dessen sie besteht, durch soziale Definition real werden kann. Das Thomas-Theorem in der erweiterten Fassung von Reinhard Bendix lautet: „As long as men live by what they believe to be so, their beliefs are real in their consequences" (R. Bendix in H.J.

Helle 1969: 63). In freier Übersetzung bedeutet das: Solange Menschen ihrer Überzeugung gemäß handeln, schaffen sie in den Folgen ihres Handelns eine ihrer Überzeugung entsprechende Realität. So erhält der subjektiv gemeinte Sinn den Status der Objektivität. Mit diesem ‚Thomas-Bendix-Theorem' wird die Schranke zwischen Mikro- und Makrobereich wieder geöffnet, die Mead durch sein Insistieren auf gleichem Realitätsstatus zwischen ‚social world of selves' und ‚physical world' errichtet hatte (L. Nieder 1991).

Solange soziale Gebilde an das empirische Kriterium der physischen Erfahrbarkeit gekoppelt bleiben, muss sich die Forschung auf Phänomene des Mikrobereichs beschränken. Eine methodologisch so festgelegte TSI musste Sozialpsychologie bleiben und konnte nicht Soziologie werden. Cooley hatte mit seiner These, „that the imaginations which people have of one another are the solid facts of society" (G.H. Mead 1964a: 294), für eine Ausweitung der TSI auf definierte soziale Gebilde des Makrobereichs die methodischen Voraussetzungen geschaffen, sich dann aber in der Anwendung auf den Bereich der Primärgruppen beschränkt. Strauss verbindet Cooleys Ansatz mit Meads Lehre von der ‚Objektiven Realität von Perspektiven' und mit der Wissenssoziologie von Scheler und Mannheim, um so die ehemals auf Sozialpsychologie beschränkte TSI zu einer verstehend-interaktionstheoretischen Sicht der Gesellschaft auszubauen.

Eine Zusammenschau der wissenschaftlichen Leistung von Anselm Strauss wird durch das Buch „Creating Sociological Awareness" erleichtert (A. Strauss 1991). Der Übersichtsaufsatz „The Chicago Tradition's Ongoing Theory of Action/Interaction" (Ebd.: 3-32) bietet eine gedrängte Darstellung der Geschichte der TSI aus Strauss' Sicht, beginnend mit der Handlungstheorie von John Dewey und George Herbert Mead über die frühestens Vertreter einer soziologischen Handlungstheorie in den U.S.A., William Isaac Thomas und Robert Ezra Park bis zu der „nächsten Generation", also Everett Cherrington Hughes und Herbert Blumer, bei denen Strauss selbst studiert hat. Strauss sieht in Hughes den Anwalt der Theorien von Park und Thomas und in Blumer denjenigen, der sich an Park und Mead anschließt. Die Schüler der beiden einflussreichen Lehrer Hughes und Blumer, zu denen Strauss gehört, sind außer ihm selbst Shibutani, H. S. Becker, Stone, Davis, Gusfield und Freidson (Ebd.: 18).

Vor dem Hintergrund dieser Theorietradition von Chicago skizziert Strauss seinen eigenen Beitrag. Dabei erwähnt er, dass die Schule seit etwa 1960 ihren Sitz nicht mehr in Chicago hat:

> „Meanwhile, although the Chicago sociology department had vanished as a training ground for interactionists, Chicagoans were scattered in many different universities (...)" (Ebd.: 19)

Strauss bestätigt, dass sein hier ausführlich besprochenes Buch „Mirrors and Masks" (A. Strauss 1959) im Zentrum seines Gesamtwerkes steht. Die ersten Kapitel formuliert er als soziologischer Erbe des amerikanischen Pragmatismus, und als er drei Jahre später den Rest des Buches schrieb, gelang es ihm, den Ansatz Parks mit dem Pragmatismus zu verbinden in dem Bemühen „to put social psychology and social organization together" (Ebd.: 21f). Sein eigenes Werk deutet er als „an extension of the basic Chicagoan action scheme" (Ebd.: 21).

4.3 Tamotsu Shibutani: Mitgliedschaft als Perspektive

Anselm Strauss konnte sich bei der Arbeit an „Mirrors and Masks" (1959) auf einen Artikel von Tamotsu Shibutani stützen, der mit dem Titel „Reference Groups as Perspectives" 1955 erschienen war (T. Shibutani 1955: 562-569). Die Vorgehensweise in diesem Aufsatz deckt sich mit der, die wir bei Strauss in seinem Buch Mirrors and Masks kennengelernt haben. Wie Strauss hat auch Shibutani in Chicago bei Herbert Blumer studiert. Tamotsu Shibutani war 1920 in Kalifornien geboren worden und musste als Amerikaner japanischer Abstammung nach dem Überfall der Japaner auf Pearl Harbor am 7. Dezember 1941 erleben, dass er mit seiner Familie zwangsinterniert wurde. Die Lagererfahrungen, die sich anschlossen, haben ihn entscheidend geprägt. Seine Dissertation über das Gerücht (T. Shibutani 1966), mit der er 1948 in Chicago promovierte, beruht auf Erfahrungen aus der Internierung.

„Tom" Shibutani wurde von 1951 bis 1957 „assistant professor" an der University of California, Berkeley. Als man auch Goleta bei Santa Barbara zu einer vollen Universität ausbaute, ging er, als „associate professor", 1961 nach Südkalifornien an die University of California, Santa Barbara. Dort – 1966 zum Professor ernannt – lehrt er noch zu Beginn der neunziger Jahre. Eines seiner aktuellen Forschungs- und Publikationsprojekte beschreibt er in dem Aufsatz über Human Agency (T. Shibutani 1991).

Shibutani nahm sich 1955 mit dem Artikel „Reference Groups as Perspectives" vor, die Missverständnisse zu mindern, die zwischen Soziologen entstehen, weil der Begriff ‚Bezugsgruppe' nicht eindeutig ist. Er will mit diesem Text den Bedeutungsgehalt des Begriffes festlegen auf Gruppen, deren Perspektive von einem handelnden Menschen als Bezugsrahmen für sein Handeln benutzt wird. Zunächst zeigt er die verschiedenen Bedeutungen, die in der bis 1955 vorliegenden Fachliteratur mit dem Terminus ‚Bezugsgruppe' verbunden werden. Den Ausdruck ‚Bezugsgruppe' selbst hat Herbert H. Hyman geprägt (H.H. Hyman 1942). Dabei ging es um die Erklärung der Inkonsequenzen, die sich in dem Verhalten z.B. von Jugendlichen aufzeigen ließen und die dann als Loyalitäten gegenüber verschiedenen Gruppen erklärt werden konnten. So war Jugenddelinquenz eines der ersten Anwendungsgebiete für das Konzept der ‚Bezugsgruppe'. Das Konzept war nach Darstellung Shibutanis besonders nützlich, um Entscheidungen zu erklären, die sich als Wahlen zwischen Alternativen darstellten, besonders solche Entscheidungen, bei denen sich das Individuum im Sinne seines eigenen Interesses nicht richtig entschieden hatte.

Die Nützlichkeit des Begriffs ‚Bezugsgruppe' bei seiner Anwendung in der soziologischen Forschung fand bald ihre Grenzen, weil die Bedeutung nicht eindeutig genug festgelegt war. Die verschiedenen Verwendungen in der Literatur stimmen jedoch darin überein, dass eine identifizierbare Gruppe gemeint ist, zu der der Handelnde in einer bestimmten Beziehung steht, weil er ihre Normen und Werte anerkennt. So wird die Gruppe als Bezugspunkt benutzt für Vergleiche und Urteile, die der einzelne fällt, und zwar auch über sich selbst. Schon Hyman sah ‚Bezugsgruppen' als Ausgangspunkte für eine Bewertung des eigenen Status (Ebd.).

Das Bild wird anspruchsvoller, wenn mehrere Gruppen in das Blickfeld des einzelnen Handelnden treten. Da prinzipiell jede denkbare Gruppe zur ‚Bezugsgruppe' werden kann, variiert das Urteil, das der einzelne fällt, mit der Bezugnahme auf die eine oder die andere. Die jeweilige ‚Bezugsgruppe' liefert dann den Maßstab, mit dessen Hilfe eine konkrete Situation beurteilt wird und mit dessen Hilfe die eigene Stellung in dieser Situation abgeschätzt wird.

Eine andere Verwendung, die ebenfalls in der Literatur auftaucht, besagt, dass die ‚Bezugsgruppe' für den einzelnen insofern Priorität hat, als ihre Ansprüche in einer Konfliktsituation den höchsten Rang einnehmen und sich daher gegen die Ansprüche anderer Gruppen durchsetzen können. Dabei setzt sich diejenige Gruppe durch, in der der einzelne den größten Wert auf Mitgliedschaft legt. In Konfliktfällen kann nämlich die Befolgung der gruppenspezifischen Normen über Erwerb oder Verlust der Mitgliedschaft entscheiden. Während also in dem erstgenannten Verständnis die ‚Bezugsgruppe' unabhängig von der Frage der Mitgliedschaft den Beurteilungs- und Bewertungsmaßstab liefert, an dem der einzelne sein Handeln orientiert und mit dessen Hilfe er die Situation und seine Stellung darin beurteilt, wird ‚Bezugsgruppe' im zweiten Kontext als jene Gruppe verstanden, in der Mitgliedschaft unbedingt angestrebt wird, und deren Normen und Werte sich eben deshalb im Konfliktfall durchsetzen. Dabei bleibt freilich offen, ob Mitgliedschaft erst für die Zukunft erhofft wird (antizipatorische Sozialisation) oder ob sie schon in Vergangenheit und Gegenwart erlangt wurde.

Tamotsu Shibutani nennt ein drittes Verständnis des Begriffs, in dem die Perspektive der Gruppe zu jener des einzelnen Handelnden wird. Im Anschluss an Muzafer Sherif kann er darauf hinweisen, dass Gruppennormen zu Orientierungspunkten werden, die das Wahrnehmungsfeld des einzelnen bestimmen. Mit der Übernahme der Gruppenperspektive gewinnt jeder einen Bezugsrahmen für seine Interpretationen, oder, wie wir auch übersetzen können, für sein systematisches Verstehen. Durch direkte oder stellvertretende Partizipation am Leben der Gruppe kommt der einzelne dazu, die Welt vom Standpunkt dieser Gruppe aus wahrzunehmen (T. Shibutani 1955: 563).

Für Shibutani ist also in dieser dritten Sicht an der ‚Bezugsgruppe' die Leistung wesentlich, die zur Organisation der Erfahrung des Handelnden führt. Den Hinweis auf die Organisation der Erfahrung greift Erving Goffman in seinem Buch „Frame Analysis" auf (E. Goffman 1974). Beiden geht es um die Feststellung, dass das Wahrnehmungsfeld in einer bestimmten Weise strukturiert wird. Diese Verwendung des Begriffes ‚Bezugsgruppe' bedeutet nun, dass jedes beliebige soziale Gebilde, sei es physisch real oder nur vorgestellt, sei es bewundert oder verachtet, das Potential einer Perspektive bietet, die der Handelnde zu seiner eigenen machen kann.

Shibutani fasst die Einleitung zu seinem Artikel so zusammen, dass er drei voneinander deutlich unterscheidbare Bedeutungen des Begriffes Bezugsgruppe einander gegenüberstellt:
1. Gruppen, die Orientierungspunkte für einen Vergleich bilden,
2. Gruppen, denen anzugehören man sich wünscht,
3. Gruppen, deren Perspektive man übernimmt.

Er schlägt sodann vor, die Fruchtbarkeit und Anwendbarkeit des Konzepts ‚Bezugsgruppe' dadurch zu steigern, dass man den Begriffsinhalt festlegt und einschränkt auf die dritte Alternative, also auf die Sichtweise einer ‚Bezugsgruppe' als Ursprung einer Perspektive. Zur Begründung greift Shibutani auf William Isaac Thomas zurück. Jener hatte darauf hingewiesen, dass das Handeln eines Menschen davon abhänge, wie er seine Situation definiert (T. Shibutani 1955: 563). Dies wiederum ist Ergebnis einer spezifischen Perspektive. Shibutani bestimmt eine Perspektive als die geordnete Sicht der Welt des Betreffenden, als das, was von den Merkmalen verschiedener Gegenstände für selbstverständlich erachtet wird. Somit bezeichnet er sie als geordnete Konzeption dessen, was plausibel und was möglich ist. Eine Perspektive stellt die Matrix dar, mit deren Hilfe der Mensch seine Umwelt wahrnimmt. Als Muster des Verstehens ist sie schon vor den je aktuellen Erfahrungen gegeben, sie definiert, was erfahren wird und steuert den Gang der Erfahrung. So lässt sich einleuchtend zeigen, dass auch Urteile auf Perspektiven beruhen.

Shibutani bewegt sich hier in deutlicher Nachbarschaft zu Max Webers Auseinandersetzung mit dem Wertbegriff. Das wird besonders deutlich, wenn er Robert Redfield zitiert und sich auf dessen Kulturbegriff bezieht. Für Redfield stellt Kultur eine Perspektive dar, an der die Mitglieder einer bestimmten Gruppe teilhaben.

Max Weber hatte darauf hingewiesen, dass sich das Konzept der Kultur nur verbinden lässt mit einer Wertvorstellung. Erst durch die bewusst gemachte Bezugnahme auf einen Wert wird Kultur verstehbar. Anstelle der Wertbeziehung benutzt Shibutani die Perspektive als Voraussetzung für das Verstehen von Kultur und menschlichem Handeln. Ausgehend von dem Kulturbegriff Redfields geht er zur Sozialisationstheorie Meads über. Wenn Mead lehrt, dass der einzelne die Rolle des ‚generalisierten Anderen' übernimmt, so bedeutet das nach Shibutani, dass jeder Mensch sich seiner Umwelt vom Standpunkt der Kultur seiner Gruppe aus nähert. Er meint damit, die sozialisierte Person sei eine Gesellschaft ‚en miniature'. So kommt er zu folgendem Ergebnis: Als Mead davon sprach, dass die Rolle des ‚generalisierten Anderen' übernommen wird, bezog er sich nicht auf Personen als ‚Andere', sondern auf Perspektiven, an denen der einzelne in einer Interaktionssituation gemeinsam mit anderen teilhat (Ebd.: 564).

Die Kontinuität und Konsistenz im Handeln eines Menschen lässt sich also unter Bezugnahme auf seine ‚organisierte' Perspektive verstehen. Obwohl das Handeln, das unter Berücksichtigung von ‚Bezugsgruppen' verstehbar wird, gewöhnlich in Situationen studiert wird, in denen Alternativen offen stehen, ist sich der einzelne Handelnde häufig der Tatsache gar nicht bewusst, dass er wählen könnte, weil er sich einer spezifischen Betrachtungsweise ausschließlich anvertraut. Shibutani weist darauf hin, dass einer alten Lehre der Völkerkunde und der Wissenssoziologie zufolge die Menschen in ihrem Denken, Fühlen und ihrer Wahrnehmung an einen bestimmten Standpunkt gebunden und infolgedessen abhängig von der Gruppe seien, an deren Leben sie teilhaben. Diese wissenssoziologische These von der Seinsgebundenheit des Denkens kann nun in verfeinerter Form in der Forschung zur Anwendung kommen, wenn der Begriff der ‚Bezugsgruppe' so verwandt wird, wie Shibutani es vorschlägt. Das gilt insbesondere beim soziologischen Studium von Massengesellschaften. Dazu hebt er drei Punkte hervor:

1. In modernen Massengesellschaften handeln Menschen zuweilen aufgrund von Gruppenstandards, die sie zwar einer bestimmten Gruppe entnommen haben, der sie aber nicht angehören, an deren Leben sie vielleicht niemals direkt teilhatten oder die (z.B. im reigiösen Jenseitsglauben) empirisch gar nicht existiert.
2. In der Situation des Pluralismus verwendet jeder Mensch mehrere Perspektiven und gerät dadurch nicht selten in Konfliktsituationen, die besonders studiert werden müssen.
3. Die wissenschaftliche Anwendung der Bezugsgruppentheorie, wie Shibutani sie vorschlägt, ermöglicht eine Überwindung der einseitigen Beschäftigung mit Sozialstruktur in der Massengesellschaft und die stärkere Berücksichtigung individueller Erfahrungen, die einzelne Handelnde machen.

So versteht Shibutani, wie wir sahen, jenes soziale Gebilde als ‚Bezugsgruppe', dessen Perspektive der Handelnde als Bezugsrahmen für die Organisation seines Wahrnehmungsfeldes heranzieht. Bezugsgruppen gewinnen Gestalt aufgrund der Internalisierung von Normen. Sie konstituieren die Struktur der Erwartungen, die man jenem Publikum zuschreibt, auf das man sein eigenes Verhalten wie auf einer Bühne einstellt.

Vor dem Hintergrund der genannten Thesen wendet sich Shibutani dem Thema der Konstruktion sozialer Welten zu. Diese Thematik erinnert an die von Peter L. Berger und Thomas Luckmann verfasste Arbeit „The Social Construction of Reality" (P.L. Berger u. T. Luckmann 1966). Shibutani greift auf Dewey zurück, für den Gesellschaft in und durch Kommunikation besteht. Gemeinsame Perspektiven, gemeinsame Kulturen gewinnen durch die Teilhabe an gemeinsamen Kommunikationskanälen Gestalt. All jene Perspektiven, die den Mitgliedern einer Gruppe eigen sind, werden im Prozess sozialer Partizipation internalisiert (T. Shibutani 1955: 565). Daraus folgt, dass durch unterschiedliche Teilhabe an unterschiedlichen sozialen Gruppierungen auch verschiedene Perspektiven erworben werden. Dies ist das Konzept der differenziellen Assoziation als Folge von differenziellem Kontakt, das in der Kriminologie Bedeutung gewonnen hat.

Man kann sich die Entstehung von Subkulturen durch Aufrechterhaltung sozialer Distanz zur übergreifenden Kultur entstanden denken. Angehörige verschiedener sozialer Schichten entwikkeln unterschiedliche Lebensstile und Werthaltungen nicht wegen irgendeines Umstandes, der ihrer wirtschaftlichen Stellung inhärent wäre, sondern wegen der Ähnlichkeit ihres Berufs und anderer Determinanten der Sozialkontakte, die sie unterhalten. So verschiebt sich das Schwergewicht des Interesses von sozialstrukturellen oder anderen objektivistischen Fragestellungen auf Fragen der Kommunikation. Für Shibutani ist jedes soziale Interaktionsfeld ein Kulturbereich, dessen Grenzen nicht aufgrund geographischer Räumlichkeit oder formalstruktureller Gruppenabgrenzungen entstehen, sondern als Grenzen effektiver Kommunikation (Ebd.: 566).

Diese symbolisch-interaktionstheoretische Sichtweise der Entstehung von Subkulturen erklärt zugleich auch deren Wandlungsfähigkeit. Shibutani hält es für äußerst wichtig, zur Kenntnis zu nehmen, dass ‚social worlds' nicht statische Einheiten sind. Die Perspektiven, die Menschen gemeinsam einnehmen, wandeln sich und werden kontinuierlich rekonstruiert. Soziale Welten entstehen und vergehen mit der Errichtung von Kommunikationskanälen. Wenn sich die Lebensbedingungen verändern, wandeln sich gleichfalls Art und Weise gegenseitiger Informationsübermittlung und damit die sozialen Welten, die wesentlich auf Kommunikationsbeziehungen beruhen.

Diese Sichtweise erlaubt auch Deutungen der Entstehung und Stabilisierung personaler Identität. Für jede einzelne Person lässt sich zeigen, dass sie eine einzigartige Kombination sozialer Welten in sich realisiert. Shibutani bezieht sich auf Simmel, der geschrieben hat, dass jeder einzelne an einem Punkt steht, in dem soziale Kreise sich in einer einmaligen Kombination überschneiden (Ebd.: 567. Vgl. auch G. Simmel 1890: 100-116).

Shibutani weist sodann auf das Problem hin, dass die meisten Menschen ein sektorales Leben führen, in dem sie von einer sozialen Welt in die andere überwechseln. In jeder dieser Welten spielen sie je eigene Rollen und in jeder artikulieren sie eine andere Facette ihrer Persönlichkeit. Diese Segmentierung des menschlichen Lebens kann zu einer Gefahr werden, wenn es den Menschen nicht mehr gelingt, die unterschiedlichen Erfahrungsbereiche in ein zusammenhängendes Muster zu integrieren (Ebd.). Wird die Segmentierung des Lebens erfolgreich vermieden, dann treten häufig Situationen auf, in denen Konflikte zwischen verschiedenen Lebensbereichen sichtbar werden, und in denen zwischen ihnen eine Wahl getroffen werden muss mit dem Ziel, einen der Bereiche als bedeutsamer und den anderen als weniger bedeutsam zu definieren.

Bei der Lösung solcher Konflikte handelt es sich also um Situationsdefinitionen, die aus den verschiedenen möglichen Perspektiven gewonnen werden können. Shibutani zitiert William James, der zur Illustration die folgenden Beispiele bringt: „Als Mensch habe ich Mitleid mit dir, aber als Beamter darf ich keine Gnade üben; als Politiker betrachte ich ihn als einen Verbündeten, aber als moralisch denkender Mensch verabscheue ich ihn". Das Problem besteht also darin, für die Definition der Situation eine Perspektive auszuwählen. In der Terminologie Meads kann man das so formulieren: Die Rolle welches ‚generalisierten Anderen' soll hier übernommen werden?

In sozialen Konstellationen, in denen alternative Situationsbestimmungen möglich sind, entstehen nicht selten Loyalitätskonflikte. Shibutani weist darauf hin, dass die Entscheidung einer Person für diese oder für jene Bezugsgruppe von der persönlichen Loyalität gegenüber ‚signifikanten Anderen' abhängig ist. ‚Signifikante Andere' sind für Sullivan solche Personen, die für die Internalisierung von Normen direkt verantwortlich sind. Vor diesem Hintergrund kann Sozialisation als das Resultat einer schrittweisen

Ansammlung von Erfahrungen mit bestimmten Personen gesehen werden, besonders denen, zu denen wir in einer Primärbeziehung stehen. Hier wird sichtbar, dass emotionale Bindungen für die Entstehung von Loyalitäten besonders wichtig sind. Über die Entstehung persönlicher Loyalitäten aufgrund emotionaler Bindungen wird die Bezugnahme auf einzelne Bezugsgruppen erklärbar und damit die Entstehung von Perspektiven zur Deutung sozialer Welten.

Perspektiven werden ständig ihrer Überprüfung anhand der erfahrbaren Wirklichkeit unterworfen. Alle Wahrnehmung hat hypothetischen Charakter. Wenn sich aufgrund einer Perspektive formulierte Erwartungen bestätigen, wird die Perspektive gestützt und verstärkt. Umgekehrt bedeutet das häufige Eintreten von Enttäuschungen, dass die Ausgangsperspektive geschwächt und schließlich gar aufgegeben werden kann.

Am Schluss seines Artikels betont Shibutani die Eignung der von ihm dargestellten Bezugsgruppentheorie für die soziologische Untersuchung von Massengesellschaften. Organisierte Perspektiven ergeben sich aufgrund der Teilnahme an Kommunikation und des Zugangs zu Kommunikationskanälen. Die Vielfalt der Massengesellschaften beruht daher auf der Vielfalt der Kommunikationskanäle, deren sich die Massenmedien bedienen. In einer makrosoziologischen Analyse können alle Formen sozialer Mobilität, sowohl die einer persönlichen Konversion wie auch die eines allmählichen Übergangs, als Wechsel der ‚Bezugsgruppe' gedeutet werden (F. Wiesberger 1990). Dabei wird die Perspektive einer Gruppe aufgegeben und die einer anderen internalisiert. Bei der Analyse menschlichen Handelns in Massengesellschaften sollten nach Shibutanis Empfehlung drei Tatsachen geklärt werden:

1. Wie definiert jemand eine Situation?
2. Aus welcher Perspektive nimmt er die Situationsdefinition vor?
3. Aus welchen Personen besteht das Publikum, dessen antizipierte Reaktionen als Bestätigung für die Perspektive des Handelnden dienen (Bezugsgruppe)?

Innerhalb der empirischen Erforschung sozialer Konflikte ist es möglich, den ‚signifikanten Anderen' als symbolischen Repräsentanten der ‚Bezugsgruppe' dadurch zu ermitteln, dass man in Situationen der Ratlosigkeit, des Zweifels und der Verwirrung danach fragt, wer vor dem geistigen Auge des einzelnen in dessen Phantasie als ‚signifikanter Anderer' auftaucht. Jedenfalls eignet sich das Konzept der ‚Bezugsgruppe' in der Darstellung Shibutanis dazu, differenzielle Assoziationen und Loyalitäten zu studieren und Phänomene selektiver Wahrnehmung soziologisch zu bearbeiten (Ebd.: 569. Vgl. auch die neuere Arbeit von T. Shibutani 1991).

4.4 „Frame Analysis" bei Erving Goffman

4.4.1 Lebenslauf und Forschungsprogramm

In London wird ein Passant überraschend Zeuge einer Verbrecherjagd. Er sieht drei Verbrecher von Polizisten verfolgt die Straße herunterlaufen. Spontan hebt er seinen Spazierstock und schlägt einem der drei Flüchtenden damit über den Schädel. Der Getroffene bricht zusammen und wird in ein Krankenhaus eingeliefert. Der schlagfertige Passant wusste nicht, dass hier ein Film gedreht wurde, und dass vor der Filmkamera die dramatische Darstellung einer Verbrecherjagd ablief. Bei seiner Entlassung aus der Klinik sagte der Schauspieler, er betrachte das Geschehen als einen Arbeitsunfall. Für ihn stelle das Unglück vor der Kamera Teil seines Berufsalltags dar.

Wir haben es in diesem Beispiel aus Erving Goffmans Buch „Frame Analysis" mit drei verschiedenen Situationsdefinitionen zu tun: Der Vorgang ist im Verständnis des Passanten eine reale Verbrecherjagd. Er ist im Verständnis der Filmschauspieler die dramatische Darstellung einer Verbrecherjagd, und er ist schließlich in der Situationsdefinition, die der verletzte Schauspieler nach dem Unfall vornimmt, ein Arbeitsunfall aus dem Berufsalltag eines Filmschauspielers (E. Goffman 1974: 311ff).

„Frame Analysis", das anspruchsvolle theoretische Buch von Erving Goffman, dem die Schilderung dieser originellen Episode entnommen wurde, trägt den Untertitel: „An Essay on the Organization of Experience" (Ebd.). Goffman gilt bei vielen Soziologen als einer der wichtigsten und einflussreichsten Vertreter der TSI. Andere bestreiten, dass diese Bezeichnung berechtigt sei, erkennen aber doch übereinstimmend die große Bedeutung, die Goffman als Soziologe und Kulturanthropologe hat, und sehen in ihm einen prominenten Vertreter der Schule von Chicago. Von einigen wird ihm der Ehrentitel eines „Georg Simmel des 20. Jahrhunderts" oder der eines „Klassikers" verliehen.

Goffman wurde am 11. Juni 1922 in Manville, nicht weit von Edmonton, in der Provinz Alberta in Kanada geboren. Der Familienname ist eine Abwandlung des deutschen Wortes „Kaufmann". Nach Studien in Toronto erwarb er an der University of Chicago seinen Mastergrad 1949 und seinen Doktorgrad 1953. Sein erstes Buch „The Presentation of Self in Everyday Life" erschien 1956 und sicherte Goffman sofort große Beachtung. Die University of California, Berkeley, berief ihn 1958 in die Reihen ihrer Hochschullehrer, und dort wurde er 1962 zum Professor befördert. Im Jahre 1968 erreichte ihn ein Ruf an die University of Pennsylvania in Philadelphia, wo er allerdings nicht bei den Soziologen Aufnahme fand, sondern Professor am Department of Anthropology wurde. Die Lehrenden der Soziologie dort hatten mit einem Abstimmungsverhältnis von 14 zu 2 seine Berufung abgelehnt.

Im August 1981 trat Goffman das Amt des Präsidenten der American Sociological Association an. Im Zusammenhang mit dieser ehrenvollen Verpflichtung Goffmans erinnert sich Irwin Deutscher:

> „I was a member of ASA council when he became president elect and we were all deeply impressed by the serious concern he showed for the ASA and the deep responsibility he felt in his behaviour as ASA president. I among others was surprised by his attention to organizational details." (Irwin Deutscher, e-mail message an H. J. Helle vom 4. Oktober 1993).

Trotz seiner zahlreichen Verpflichtungen erklärte Goffman sich bereit, am Weltkongress der Soziologie von 16. bis 21. August 1982 in Mexico City als Leiter der zweiten Session des Symposiums „Revisions and Relations Among Modern Microsociological Paradigms" teilzunehmen. Offenbar in guter Gesundheit brachte er im April im Zusammenhang mit den Vorbereitungen noch zukunftsfrohen Unternehmungsgeist zum Ausdruck und schrieb am 28. April 1982:

> „Thanks of your note of April 23 regarding the micro session at the I.S.A.. I expect to arrive on the afternoon off the 16th and will be staying at the Purua Hidalgo. You might leave a note suggesting where we will be meeting Wednesday evening." (Brief von E. Goffman an H. J. Helle vom 23. April 1982.)

Ein nur drei Monate danach verfasster Brief klang allerdings alarmierend, weil nun von einem Klinikaufenthalt die Rede war und weil Goffman im Zusammenhang damit seine Mitwirkung bei dem Weltkongress für Soziologie absagen musste. Doch selbst dann noch schrieb er den Umständen zum Trotz weiterhin von der Hoffnung, dass es zu einer persönlichen Begegnung kommen werde:

„I am sorry indeed to add fuel to the fire. I would have loved to have expanded my chairman role. But I find now that I must enter the hospital because of an undiagnosed gastroenteritic problem associated with loss of blood, and my doctors decline to allow me to attend the August meeting. I was looking forward to it very much and am very disappointed indeed. I hope we'll get the chance to meet each other in the not too distant future." (Brief von E. Goffman an H. J. Helle vom 27. Juli 1982.) Zu einer solchen Begegnung kam es nicht mehr. Erving Goffman starb 60jährig am 20. November 1982 in Philadelphia an Krebs.

Seine eindrucksvolle Publikationsliste weist neben der Dissertation von 1953 „Communication Conduct in an Island Community" elf Titel auf:

Presentation of Self in Everday Life, 1956, überarbeitete und erweiterte Fassung: 1959.

Asylum: Essays on the Situation of Mental Patients and Other Inmates, 1961.

Encounters, 1961.

Behavior in Public Places, 1963.

Stigma: Notes on the Management of Spoiled Identity, 1963.

Interaction Ritual, 1967.

Strategic Interaction, 1969.

Relations in Public, 1971.
Frame Analysis, 1974.
Gender Advertisements, 1979.
Forms of Talk, 1981.

Das Buch „Frame Analysis" bietet eine Übersicht über den theoretischen Ertrag seiner Forschung. Von Goffmans Dissertation war schon im Zusammenhang mit Anselm Strauss die Rede. In „The Presentation of Self in Everyday Life" entwickelt er die Sichtweise von dem theaterspielenden Individuum, die von einigen Verfassern die „dramaturgische Methode" genannt wird. Hauptanliegen des einzelnen ist die Herstellung und Stabilisierung seiner eigenen Identität, wie bei einem Darsteller auf der Bühne. Das primäre Interesse, das die Person in ihrem täglichen Alltagsverhalten verfolgt, muss nach Goffmans Überzeugung eben darin gesehen werden. Am Ende seines Lebens in dem Manuskript für die „Presidential Address", einem Festvortrag, mit dem er sich der American Sociological Association als ihr neugewählter Präsident vorstellen wollte, den er aber wegen seines schlechten Gesundheitszustandes nicht halten konnte, erklärt er das genauer:

„My concern over years has been to promote acceptance of the face-to-face domain which might be titled, for want of any happy name, the interaction order" (E. Goffman 1983: 2). Das Studium der Interaktionsordnung ist für Goffman wichtig, weil sie das Bindeglied darstellt zwischen dem Individuum einerseits und dem Makrobereich der „framing conventions" andererseits. Da Goffman seine theoretische Arbeit sowohl auf die Analyse von „frames" als Aspekten der Kultur als auch auf das Studium der Interaktionsordnung bei Kleingruppen konzentriert, vermeidet er das Dilemma der Wahl zwischen mikro– und makrotheoretischen Zugangsweisen und kombiniert stattdessen beide zu einer einzigen integrierten Methode der Soziologie. Sein Buch „Frame Analysis" enthält eine Zusammenfassung dieser wissenschaftlichen Leistung.

Goffmans Kritiker nehmen ihm zum Teil seinen Hang zum Zynismus übel. Er vergleicht nicht nur die soziale Wirklichkeit mit dem dramatischen Geschehen auf der Bühne, sondern sie erscheint ihm häufig aus der distanzierten Sicht eines nicht-teilnehmenden

Beobachters, der von höherer Warte mit einem gewissen Grad von Ironie – oder nur als Zuschauer, der im Parkett des Theaters sitzt – auf das blickt, was andere Menschen so ernst nehmen. Einer seiner frühen Kollegen berichtete aus Berkeley, California, dass Goffman sich während der Fakultätssitzungen nicht selten benahm wie ein Mensch, der gerade erst von einem anderen Planeten gelandet und nicht bereit war, irgend etwas als selbstverständlich zu akzeptieren. Es war das Groteske, Überraschende und Außerordentliche im menschlichen Alltagsgeschehen, das ihn faszinierte.

In den Arbeiten der Frühphase seines Wirkens legte Goffman das Schwergewicht auf Fragestellungen des Handelns und Verhaltens. Doch zu der Zeit, als er sein theoretisches Hauptwerk „Frame Analysis" schrieb, hatte sich bei ihm die Thematik auf Probleme der Wahrnehmung und der Sinndeutung verschoben. Darum eignet sich dieses Buch besonders gut dazu, die Verbindungen zur Verstehenden Soziologie und zur Theorie der Symbolischen Interaktion aufzuzeigen.

Goffman fragt darin, welches die Bedingungen unserer Erfahrungen sind. Er knüpft an bei dem Thomas-Theorem, nach dem Definitionen von Situationen in ihren Konsequenzen real werden, weil die Menschen sich ihren Erwartungen entsprechend verhalten. Seine „Frame Analysis" stellt Goffman ausdrücklich in die Tradition des Pragmatismus des William James. Eine Arbeit von ihm entnimmt Goffman die Frage: Unter welchen Umständen meinen wir, dass Dinge real sind? William James fragt also nicht einfach, was Realität sei, sondern er gab, wie Goffman in „Frame Analysis" schreibt, der Fragestellung eine ‚subversiv-phänomenologische Drehung' mit der Formulierung

> „Under what conditions do we assume of a certain content of our thinking that it represents reality. Important for reality as experienced by the individual actor is a feeling of reality in contrast to another feeling or experience of which we know that it is a dream or a fantasy and therefore not real. That is the meaning of the Jamesian phrase. Under what circumstances do we think things are real." (E. Goffman 1974: 2.)

Der Arbeit von Goffman liegt also die gleiche, auf James und Simmel zurückgehende erkenntnistheoretische Position zugrunde, die auch George Herbert Mead übernommen hat. Goffman zitiert die Unterscheidung der Wirklichkeit in eine Reihe von Sinnuniversa, von denen William James sagt, dass sie – jedes auf seine Art – eine je eigene Existenz haben. Die Welt der sinnlichen Wahrnehmung, die Welt wissenschaftlicher Objekte, die Welt abstrakter philosophischer Wahrheiten, die Welt des Mythos und übernatürlicher Überzeugungen, die Welt des Psychopathen usw.. All dies erinnert an Simmels „Formen", die zu diskutieren hier zu weit führen würde. Alle diese Subwelten haben nach William James ihren eigenen besonderen und separaten Stil der Existenz und jede Welt ist, solange man ihr seine Aufmerksamkeit ungeteilt zuwendet, auf ihre eigene Art real. Allerdings trifft es auch zu, dass die jeweilige Realität mit der Abwendung der Aufmerksamkeit des Betrachters für ihn dahinschwindet.

James bleibt aber bei dieser Position nicht stehen, sondern hebt die Welt der Sinne – also des Hörens, Sehens Betastens u.s.w. – als mit einem Sonderstatus ausgestattet hervor, weil wir Menschen dazu neigen, ihr die Rangordnung der höchsten Realität zuzuerkennen. Sie verleiht uns auch das Bewusstsein von dem, was wir als individuelle Einheit selbständig sind.

Die Verwundbarkeit der kulturell vorgegebenen „frames" und die Gefahr ihrer Fehleinschätzung kann aber nicht nur mit menschlicher Unachtsamkeit und Wahrnehmungsschwäche begründet werden, sondern ist leider auch Folge bewusster und planmäßiger Bosheit des Menschen. So kann es z.B. sein, dass ein Verkäufer sich scheinbar freundlich um seinen Geschäftspartner bemüht, indem er ihn zu einer aufwendigen Party einlädt, nur um zu vorgerückter Stunde nach erheblichem Alkoholgenuss zur Sache zu kommen, um dann die Zustimmung seines Gastes zu einem großen geschäftlichen Abschluss zu erreichen. Goffman bezeichnet solche missbräuchlichen Verhaltensweisen als „frame manipulation." Es ist klar, dass einem so etwas nicht nur im Geschäftsleben begegnet.

In „Frame Analysis" zeigt Goffman also zuerst, wie die Gesellschaft die Individuen mit einer Interaktionsordnung der „framing conventions" ausstattet und wie dann diese Ordnung durch allerlei

Missverständnisse und Missbräuche in ihrer Anfälligkeit und Verwundbarkeit auch dem Missbrauch ausgeliefert dasteht.

Das ist der Grund warum er sich für Beispiele interessiert, die das illustrieren. Die hier schon zitierte Jagd auf einen vermeintlichen Kriminellen, der sich dann als Filmschauspieler herausstellte, ist eine seiner zahlreichen Illustrationen des allzu Menschlichen. Um qualitative Daten zum Thema „fabrication of reality", also der Manipulation von Wirklichkeitswahrnehmung, zusammenzutragen, hat Goffman viele Jahre damit verbracht, Zeitungsausschnitte zu sammeln. Aus dieser Sammlung, die er zum Teil in „Frame Analysis" abdruckt, stammen die folgenden Beispiele:

> Newcastle-on-Tyne, England, Oct. 2 – Orson Welles banged Desdemona's head so hard on the bed in the murder scene from Othello here last night that members of the audience began murmuring protests. Mr. Welles said after the performance that he guessed he just got caught up too realistically in the spirit of the play. Said Gudrun Muir who played Desdemona: It was in a good cause." (1951 article; E. Goffman 1974: 362)

Oder ein weiteres Beispiel, das Goffman in „Frame Analysis" einfügt:

> „Oklahoma City (UPI) – Police identified a 21-year-old Oklahoma City bill collector last week as the man who has been posing as a doctor to trick housewives into submitting to his advances… The suspect was arrested in Guthrie trying to persuade a 26-year-old mother to undress as part of a health examination. Three other Oklahoma City area housewives have reported similar incidents to police in recent weeks. A typical case was that of a young woman who said the man told her he was a doctor and was checking on encephalitis, a mosquito-borne disease. All three said they undressed before they became suspicious." (Ebd.: 160)

Wie kommt es dazu, dass ein bestimmtes Ereignis von einigen Leuten ernst genommen wird und andere sofort deutlich sehen, dass es sich um einen Scherz, um einen Zufall oder eine Täuschung handelt oder auch um eine schauspielerische Darstellung? Die Organisation der Erfahrung ist potentiell im Kollektivbewusstsein und in dem, was die Menschen in ihrer Wechselwirkung aushandeln, präsent; aber da verschiedene Personen unterschiedlich reagieren, hängt es auch von persönlichen Neigungen, von emotionalen Befindlichkeiten und von psychischen Verfassungen ab, was als wirklich wahrgenommen wird.

4.4.2 Ist Erving Goffman ein Vertreter der TSI?

Unter den Fachvertretern der Soziologie gibt es verschiedene Ansichten darüber, welcher Schule Goffman zugeordnet werden müsse. In seinem Werk findet man gelegentliche Hinweise auf Émile Durkheim. Bedeutet dies, dass man ihn dem Strukturfunktionalismus zurechnen muss? Andererseits bezieht er sich auf Georg Simmel und Karl Mannheim oder auf Vertreter der Schule von Chicago wie Albion Small, Robert E. Park und Everett C. Hughes. Bedeutet das, dass er ein Vertreter des Verstehenden Ansatzes ist? Oder passt er schließlich doch besser zur Chicago Tradition und in die Theorie der Symbolischen Interaktion?

Wie wir sehen werden, fällt die Antwort auf die Frage, ob Erving Goffman ein Vertreter der TSI ist, mit ja aus, wenn man den Begriff so fasst wie Arnold Rose es getan hat, und mit nein, wenn man eine engere Begriffsbestimmung anwendet, weil ganz offenkundig das, was Goffman angestrebt hat, nicht mit dem übereinstimmt, was Blumer sich vorgenommen hatte.

Zum Glück können wir uns bei dem Bemühen um eine weitere Klärung dieses Themas auf eine authentische Quelle beziehen. Jef (Josef) Verhoeven, Ordinarius der Soziologie an der Katholischen Universität Leuven in Belgien, hat am 13. Juni 1980 ein Interview mit Erving Goffman durchgeführt. Das Gespräch wurde auf Tonband aufgenommen, aber bis zum Jahre 1993 nicht publiziert, als Verhoeven es dann in der Zeitschrift Research on Language and Social Interaction abdrucken ließ (E. Goffman and J. Verhoeven 1993). Wir werden uns auf dieses Interview beziehen und dadurch etwas mehr Licht bringen in die Unklarheiten im Umkreis der Frage, ob Erving Goffman der TSI zugerechnet werden kann.

Als Verhoeven Goffman danach fragte, distanzierte sich Goffman ausdrücklich von dem Etikett „symbolic interactionist" und fuhr dann fort: „I guess I'm as much what you call a symbolic interactionist as anyone else. But I'm also a structural functionalist in the traditional sense, so if I can't answer that question, it's because I don't believe the label really covers anything... And what I did up to a few years ago before I got somewhat more interested in

Sociolinguistics was a version of Urban Ethnography with Meadian Social Psychology" (Ebd.: 318).

Goffman war freilich Zeuge einer der fruchtbarsten Perioden der Geschichte der Schule von Chicago. Insbesondere weist er darauf hin, dass es zu der Zeit keine miteinander konkurrierenden Fraktionen innerhalb der Soziologie gab. „When I was in Chicago in the 40s, one could still combine lots of different things: Ecology and social organization, class analysis with Warner, and the like. But later on when Columbia took over and got to be the dominant university – it got to be dominant through (Paul) Lazarsfeld – Lazarsfeldian methodology got to be the central thrust in American Sociology. A good part of Chicago went along with that, and then Chicago broke up into different kinds of factions; persons who wouldn't touch the quantitative side, and persons who wouldn't touch the qualitative side. In the mid-40s, however, everybody did everything. Everybody read all the articles in the journals, and one took courses across the board, and one didn't draw those sorts of lines. They came later on with the indroduction of large research grants in the early 50s, and it continued to go on with the Lazarsfeldian kind of sociology, and then Chicago got to be more and more quantitative in character." (Ebd.: 333)

Ein bemerkentwerter Aspekt des Interviews, das Verhoeven mit Goffman durchgeführt hat, ist die Bedeutung, die Goffman Everett Cherrington Hughes zuschreibt. Er war eine Schlüsselfigur an der Universität von Chicago zu der Zeit als Goffman dort promovierte. Goffman bedauert den Verlust der Einheit der Soziologie und den Streit zwischen den verschiedenen Lagern, die sich seitdem herausgebildet haben. Zum Beispiel die Konfrontation zwischen der quantitativen und der qualitativen Soziologie gab es nicht als die Schule von Chicago auf der Höhe ihrer Erfolge stand. Goffman sagt dazu: „Hughes has never been hung up in that direction. He takes his subject matter and tries to study it, and he's never been given, I think, the credit he deserves." (Ebd.: 336)

Die Chicago Schule, wie Goffman sie sich entwickeln sah, war eng verbunden mit dem Namen Robert E. Park. Über ihn sagt Goffman in dem Interview: „He was sort of the founder of the whole Hughesian tradition. He hat a lot of influence on us I think. My teachers were Park, Burgess, and Louis Wirth. And then later on Everett Hughes. But the person I worked for initially, was Lloyd Warner. I was orientated to social anthropology at the time." (Ebd.: 321)

Es ist gut dokumentiert, dass Park in Berlin bei Simmel studiert hat. Goffman kommt auf die Frage Verhoevens zurück: „Do you see yourself as a symbolic interactionist?" Etiketts erleichtern den Zugang zur Wirklichkeit, aber sie haben die Neigung, die Geschichte der Soziologie zu verwirren. Über die Verwendung solcher Etiketts sagt Goffman: „That's fine, providing somebody hasn't been around when the history was occurring. But it doesn't provide a very satisfactory version of it for those who were involved in it." (Ebd.: 320)

„So, I've never felt that a label was necessary. If I had to be labelled at all, it would have been as a Hughesian urban ethnographer." (Ebd.: 318) „The persons who are symbolic interactionists, especially the Chicago ones, are by and large on the qualitative or ethnographic side. But a more accurate description would be to call them social ethnographic side. That's really, in some sense, what they share. And then, Blumer doesn't qualify there – he was never interested in ethnography, never engaged in any of that untertaking." (Ebd.: 331)

> „But the people who ordinarily label themselves symbolic interactionist, who are so labelled, are persons much like myself, like Fred Davis, Howie Becker, people like that. They are basically Hughesian sociologists who employ a quite general Median frame of reference that everybody of that period employed... So if we had to choose a label, Hughesian sociology would be a more accurate one than symbolic interactionism. But it was all one group in terms of friendship links and origins at Chicago." (Ebd.: 319)

Wenn man einmal das Problem der Etikettierung beiseite lässt, dann wendet sich das Interview nun der Frage der Methode Goffmans zu. Das ist wahrscheinlich das wichtigste bei dem Versuch, die Stellung Goffmans im Vergleich zu anderen Theoretikern zu klären, denn es öffnet Einsichten in seine Erkenntnistheorie. Indem er sich auf „Frame Analysis" bezieht, fragt Verhoeven Goffman, ob für ihn der Satz zutrifft: „Social reality is not a given reality but a product of man."(Ebd.: 323). Goffman antwortet:

> „Well, sociologists in some ways have always believed in the social construction of reality. The issue is, at what level is the reality constructed? Is it individual? A small group? Or somehow the amorphous cross working of overall social processes that no one really knows too much about. I believe, of course, that the social environment is largely socially constructed, although I am sure there are some biological matters which have to be taken into consideration. But where I differ from social constructionists is that I don't think the individual himself or herself does much of the constructing. He rather comes to a world, already in some sense or other, established. So there I would differ from persons who use in their writing the notion of social construction of reality. I am therefore on that side, closer to the structural functionalists, like Parsons or Merton. Just as they were closer to initial functionalist anthropology." (Ebd.: 324)

Das führt zu der Gegenüberstellung von Objektivismus und Subjektivismus in der soziologischen Methode. Durkheim, dessen Les formes élémentaires de la vie religieuse Goffman sehr wohl kannte, stellte die Soziologie in die Tradition der Naturwissenschaften und schied sie mit Nachdruck von der Psychologie. Er akzeptierte als ihre Gegenstände nur die sozialen Tatsachen, die dem Willen des Individuums Widerstand entgegensetzten. Für Georg Simmel, Max Weber, W.I. Thomas und andere wird die Bedeutungszuschreibung, die das Individuum den objektiven Tatsachen gegenüber vornimmt, selbst Teil der Wirklichkeit; mindestens was das betreffende Individuum angeht. Obwohl Goffman sich selbst als dem strukturfunktionalistischen Ansatz nahe verbunden bekennt, sondert er sich in dieser Hinsicht doch deutlich davon ab: „Objective experience or subjective experience is a simple part of some domains of sociology such as the one I'm in. It doesn't seem to me that those subjective experiences are any less factual than anything else in the world." (Ebd.: 326)

Diese Feststellung steht ganz gewiss im Widerspuch von Durkheims Vorstellung von Soziologie. „So even though what I do could be called symbolic interactionist and the like, it's still done from the conventional, conservative traditional perspective on believing that one could maybe not have a science of society but certainly come closer to it than persons who are less instructed, and that some concepts will be more valid than others, and that our concepts' validity depends not merely on some practical use that one wants to put it to, but upon the state of the field at the time, the character of the behaviour and that sort of thing." (Ebd.: 327)

Goffman ist noch ausdrücklicher darum bemüht, eine Trennungslinien zu ziehen zwischen Soziologie als Naturwissenschaft und Soziologie als Teil der Geisteswissenschaften in enger Nachbarschaft zur Geschichte und Völkerkunde: „So when people use the language of the hard sciences like ‚hypothesis' and the like, I get to be a little restive. I think that's mostly done by persons who are trained in literary undertaking and don't have too much sense of what the hard sciences do. It seems to me we are in more primitive – my area of sociology is in a more primitive state. We are just trying to get reasonable classifications, one or two useful concepts, ways of touching on and describing processes and practices... If we have low expectations about our achievement we can act with more confidence and assurance in what we do than if we think we are developing theories and hypotheses. Then I think we are kidding ourselves. I'm not embarrassed by the humbleness of our product." (Ebd.: 328)

> „If we try to give a picture of the whole, then we do end up in making an arbitrary selection of the features to talk about. So I have very limited expectations, but I approach those expectations as a naturalist would. You can do as well as a botanist can or anybody else who has a classificatory science." (Ebd.: 329)

Hier ist nicht der Ort, um ausführlich darzulegen, in welcher erstaunlichen Maße Goffman und Simmel in diesem Punkte übereinstimmen. Was Max Weber betrifft so identifiziert sich Goffman durchaus mit ihm. Als er nach seiner Einstellung zur Frage der Werturteilsfreiheit gefragt wird, antwortet Goffman: „Well, I guess, I just follow the traditional, early Weberian one, that one can see something about one's political and social life and do something about overcoming that, in a limited sort of way, and that persons of slightly different social backgrounds and political commitments can still, nonetheless, come to some degree of agreement about an array of social facts. And, that that is an ideal and a goal what we can aim for." (Ebd.: 329)

> „I still believe, that given what one studies, one can come up with something that wasn't in one's head but was in the data, within limits. That it isn't just a creation of the student. It is partly that, but only partly that. I believe there is some social order and organization in the data that is accessible to us within limits. Otherwise there wouldn't be much reason to continue in the business except as a livelihood. It would be just a question of who could paint a picture that would sell" (Ebd.: 330)

Das ist es also, was Goffman meint getan zu haben. Es spielt vielleicht keine Rolle, wie man es etikettiert, aber es scheint doch offenkundig, dass sie Soziologie, die er praktiziert hat, wichtig geworden ist. Es gibt methodologische Kontinuitäten, die Goffman mit Simmel, Mead, und den Vertretern der TSI verbindet, und seine Werke sowohl als auch seine Biographie geben ihm einen Platz unter den prominenten Vertretern der Schule von Chicago.

Literaturverzeichnis

Abel, Theodore (1948): The Operation Called Verstehen. In: American Journal of Sociology 54. 1948. 211-218.
Albrow, Martin (1982): Beyond Naturalism: Values as a Topic for Interpretative Sociology. In: Helle (1982): 25-44.
Albrow, Martin (1990): Max Weber's Construction of Social Theory, London: Mc Millan
Albrow, Martin (1991): Irrationality and Personality: Weber's Theory of Needs and Emotions. In: Helle (1991b): 25-32.
Altheide, David L. (1985): Media power. Beverly Hills u.a.: Sage.
Altheide, David L. (1995): An ecology of communication. Cultural formats of control. New York: De Gruyter.
Altheide, David L. (1996): Qualitative media analysis. Thousand Oaks etc.: Sage.
Altheide, David L. (2000): Identity and the Definition of the Situation in a Mass Mediated Context. In: Symbolic Interaction 23. 2000. 1-28.
Altheide, David L.; Snow, Robert P. (1991): Media Worlds in the Postjournalism Era. New York: De Gruyter.
Atkinson, Paul (1982): Writing Ethnography. In: Helle (1982): 77-105.
Baldwin, John D. (1985): Social Behaviorism on Emotions. Mead and Modern Behaviorism Compared. In: Symbolic Interaction 8. 1985. 263-289.
Baldwin, John D. (1986): George Herbert Mead. A Unifying Theory for Sociology (Masters of Social Theory) 6. London: SAGE Publication.

Baldwin, John D. (1989): The Use and Abuse of Mead: A Case Study. In: Symbolic Interaction 12. 1989. 53-57.

Bateson, Gregory (1955): A Theory of Play and Phantasy. A Report on Theoretical Aspects of the Project for the Study of the Role of Paradoxes of Abstraction in Communication. Approaches to the Study of Human Personality. In: Psychiatric Research Reports (American Psychiatric Association) 2. 1955. 39-51.
Bauch, Kenneth jr. (1990): The Methodology of Herbert Blumer. Critical Interpretation and Repair. Cambridge: Cambridge University Press.
Becker, Howard P.; Wiese, Leopold v. (1932): Systematic Sociology. New York: John Wiley.
Becker, Howard P.; Barnes, Harry E. (1938): Social Thought from Lore to Science. Boston: D.C. Heath & Company.
Becker, Howard P. (1950): Through Values to Social Interpretation. Durham/North Carolina: Duke University Press.
Becker, Howard P. (1956): Field Work among Scottish Shepherds and German Peasants: „Wholes" and their Handicaps. In: Social Forces 35. 1956. 10-15.
Becker, Howard S. (1951): The Professional Dance Musician and His Audience. In: American Journal of Sociology 57. 1951. 136-144.
Becker, Howard S. (1952a): Social-Class Variations in the Teacher-Pupil Relationship. In: Journal of Educational Sociology 25. 1952a. 451-465.

Becker, Howard S. (1952b): The Career of the Chicago Public School Teacher. In: American Journal of Sociology 57. 1952b. 470-477.

Becker, Howard S. (1953): The Teacher in the Authority System of the Public School. In: Journal of Educational Sociology 27. 1953. 128-141.

Becker, Howard S. (1960): Notes on the Concept of Commitment. In: American Journal of Sociology 66. 1960. 32-40.

Becker, Howard S. (1963): Outsiders: Studies in the Sociology of Deviance. New York: The Free Press.

Becker, Howard S. (1964): Personal change in Adult Life. In: Sociometry 27. 1964. 40-53.

Becker, Howard S. (1967): History, Culture and Subjective Experience: An Exploration of the Social Bases of Drug-Induced Experiences. In: Journal of Health and Social Behavior 8. 1967. 163-176.

Becker, Howard S. (1968): The Self and Adult Socialization. In: E. Norbeck; D. Price-Williams; W.M. McCord (Hrsg.): The Study of Personality: An Interdisciplinary Appraisal. New York: Holt, Rinehart & Winston.

Becker, Howard S. (1986): Doing things together. Selected papers. Evanston, Ill: Northwestern Univ. Press.

Becker, Howard S. (1990): Symbolic interaction and cultural studies. Chicago u.a.: Univ. of Chicago Press.

Becker, Howard S.; Carper, James (1956): The Elements of Identification with an Occupation. In: American Sociological Review 21. 1956. 342-348.

Becker, Howard S.; Geer, Blanche; Hughes, Everett C.; Strauss, Anselm L. (1961): Boys in White: Student Culture in Medical School. Chicago: University of Chicago.

Becker, Howard S.; Geer, Blanche; Hughes, Everett C. (1968): Making the Grade: The Academic Side of College Life. New York: Wiley.

Becker, Howard S.; Kechris, Alexander S. (1996): The descriptive set theory of Polish group actions. Cambridge: Cambridge Univ. Press.

Becker, Howard S.; Strauss, Anselm L. (1956): Careers, Personality and Adult Socialization. In: American Journal of Sociology 62. 1956. 253-263.

Bendix, Reinhard (1966): Ideology and Sociology. Berkley: Manuskript.

Berger, Peter L. (1963): Invitation to Sociology. A Humanistic Perspective. Garden City, New York: Doubleday and Company.

Berger, Peter L.; Luckmann, Thomas (1966): The Social Construction of Reality. A Treatise in the Sociology of Knowledge. Garden City, New York: Doubleday and Company.

Blumer, Herbert (1937): Social Psychology. In: Schmidt (1937): 144-198.

Blumer, Herbert (1953): Psychological Import of the Human Group. In: Sherif; Wison (Hrsg.): 185-202.

Blumer, Herbert (1954): What is Wrong with Social Theory? In American Sociological Review 19. 1954. 3-10.

Blumer, Herbert (1962): Society as Symbolic Interaction. In: Rose (1962): 179-192.

Blumer, Herbert (1966): Sociological Implications of the Thought of George Herbert Mead. In: American Journal of Sociology 71. 1966. 535-544.

Blumer, Herbert (1969a) [1939]: An Appraisal of Thomas and Znaniecki's „The Polish Peasent in Europe and America". In: Ders. (1969c): 117-126.

Blumer, Herbert (1969b) [1931]: Science Without Concepts. In: Ders. (1969c): 153-170.
Blumer, Herbert (1969c): Symbolic Interactionism. Perspective and Method. Englewood Cliffs/New Jersey: Prentice-Hall.
Blumer, Herbert (1977): Comment on Lewis' „The Classic American Praqgmatists as Forerunners to Symbolic Interactionism". In: Sociological Quarterly 18. 1977. 285-289.
Blumer, Herbert (1979): Comments on „George Herbert Mead and the Chicago Tradition of Sociology". In: Symbolic Interaction 2. 1979. 21-22.
Blumer, Herbert (1980): Mead and Blumer: The Convergent Methodological Perspectivees of Social Behaviorism and Symbolic Interactionsim. In: American Sociological Review 45. 1980. 409-419.
Blumer, Herbert (1981): George Herbert Mead. In: B. Rhea (Hrsg.) (1981): 136-169.
Brittan, Arthur (1973): Meanigs and Situations. London: Routledge and Kegan Paul.
Brooks, Richard S. (1969): The Self and Political Role: A Symbolic Interactionsit Approach to Political Ideaology. In: Sociological Quartly 10. 1969. 22-31.
Buckley, Walter (1996): Mind, Mead, and Mental Behaviorism. In: Kwan, Kian M.: Individuality and Social Control: Essays in Honor of Tamotsu Shibutani. 337-363.
Bühl, Walter L. (Hrsg.) (1972): Verstehende Soziologie. Grundzüge und Entwicklunstendenzen. München: Nymphenburger Verlagshandlung.
Bühl, Walter L. (1991): Phenomenological Reduction, Functional Insight, and Intuition of Essences: Dimensions and Prinicples of a Sociolgy of Verstehen in the Writings of Max Scheler. In: Helle (1991b): 79-105.
Chang, Yohannes Han-Yin (2000): Symbolic Interaction and Transformation of Class Structure: The Case of China. In: Symbolic Interaction 23. 2000. 223-251.
Charon, Joel M. (1979): Symbolic Interactionism. An Introduction, an Interpretation, an Integration. Englewood Cliffs: Prentice-Hall.
Cicourel, Aaron V. (1964): Method and Measurement in Sociolgy. New York, London: Macmillan.
Comte, August (1842): Cours de philosophie positive. tomte VI. Paris: Lagrange.
Comte, August (1852): Système de politique positive ou traité de sociolgie. tomte II. Paris: Librairie Scientifique-Industrielle L. Mathias.
Cooley, Charles H. (1909): Social Corganization. New York: C. Scribner's Sons, 26-31. (Neudruck 1937), (abgedruckt bei Mains, Meltzer (1972): 158-160 unter dem Titel: Primary Group and Human Nature).
Cooley, Charles H. (1918): Social Process. New York: C. Scribner's Sons.
Cooley, Charles H. (1926): The Roots of Social Knowledge. In American Jorunal of Sociology 32. 1926/27. 59-79.
Cooley, Charles H. (1932) [1902]: Human Nature and the Social Order. New York: C. Scribner's Sons.
Cooley, Charles H. (1972): Looking Glass Self. (abgedruckt bei Mains, Meltzer (1972): 231-233)

Couch, Carl J. (1989): Comments on a Neo-Meadian Sociolgy of the Mind. In: Symbolic Interaction 12. 1989. 59-62.
Coulter, Jeff: Decontexturalized Meanings: Current approaches to Verstehende Investigations. In: The Sociolgical Review 19. 1971. 301-321.
Davis, Fred (1961): Deviance Disavowal. In: Social Problems 9. 1961. 120-132.
Denzin, Norman K. (1966): The Significant Others of a College Population. In: Sociological Quarterly 7. 1966. 298-310.
Denzin, Norman K. (1970): The Research Act in Sociolgy. Chicago: Aldine.
Denzin, Norman K. (1984): On Interpreting and Interpretiation (Review Symposium: J.D. Lewis and R.L. Smith, American Sociolgy and Pragmatism. Mead, Chicago Sociology, and Symoblic Interaction, Chicago 1980). In: American Journal of Sociology 89. 1984. 1426-1433.
Denzin, Norman K. (1989): Interpretive interactionsim. Newsbury Park u.a.: Sage.
Denzin, Norman K. (1991): Images of postmodern society. Social theory and contemporary cinema. London: Sage.
Denzin, Norman K. (1991a): Hollywood shot by shot. Alcoholism in American cinema. New York: De Gruyter.
Denzin, Norman K. (1992b): Symbolic interactionism and cultural studies. The politics of Interpretation. Oxford u.a.: Blackwell.
Denzin, Norman K. (1998a): Collecting and interpreting qualitative materials. Thousand Oaks u.a.: Sage.
Denzin, Norman K. (1998b): Strategies of qualitative inquiry. Thousand Oaks u.a.: Sage.
Denzin, Norman K. (1998c): The cinematic society. The voyeur's gaze. London u.a.: Sage.
Denzin, Norman K. (1998d): The landscape of qualitative research. Theories and issues. London: Sage.
Denzin, Norman K. (2000): Rock Creek History. In: Symbolic Interaction 23. 2000. 71-82.
Deutsch, Morton; Solomon, Leonard (1959): Reactions to Evaluations by Others as Influended by Self-Evaluation. In: Sociometry 22. 1959. 93-112.
Dewey, John (1916): The Pragmatism of Peirce. In: Journal of Philosophy 13. 1916. 709-715.
Dewey, John: George Herbert Mead (1931): In: Journal of Philosophy 28. 1931. 309-314.
Dilthey, Wilhelm (1883): Einleitung in die Geisteswissenschaften. Versuch einer Grundlegung für das Studium der Gesellschaft und der Geschichte. Leipzig: Duncker & Humblot.
Dinitz, Simon; Mangus, A.R.; Passamanick, Benjamin (1959): Integration and Conflict in Self-Other Conceptions as Factors in Mental Illness. In: Sociometry 22. 1959. 44-55.
Duncan, Hugh D. (1968): Symbols in Society. London: Oxford University Press.
Durkheim, Emile (1955): Pragmatisme et sociologie. Cours inédit prononcé à la Sorbonne en 1913-1914 et restitué d'après des notes d'étudiants par Armand Cuvillier. Paris: Librarie Philosophique J. Vrin.
Durkheim, Emile (1967): De la division du travail social. Etude sur l'organisation des sociétés supérieures. Paris: Felix Alcan.

Fallding, Harold (1982): G.H. Mead's Orthodoxy. In: Social Forces 60. 1982. 723-737.
Farberman, Harvey A. (1970): Mannheim, Cooley, and Mead: Toward a Social Theory of Mentality. In: Sociolgical Quarterly 11. 1970. 3-13.
Farberman, Harvey A. (1979): The Chicago School: Continuities in Urban Sociolgy. In: Studies in Symbolic Interaction 2. 1979. 3-20.
Faris, Ellsworth (1936): Book Review: George H. Mead, Mind, Self, and Society, Chicago, 1934. In: American Journal of Sociolgy 41. 1936. 809-813.
Faris, Ellsworth (1937): The Nature of Human Nature and Other Essays in Social Psychology. New York: McGraw-Hill.
Faris, Ellsworth (1937/38): The Social Psycholgy of George Herbert Mead. In: Amercian Journal of Sociolgy 43. 1937/38. 391-403.
Faris, Robert E.L. (1967): Chicago Sociolgy. San Francisco: Chandler & Chandler.
Fine, Gary A. (1989): A Theory for the Prepublic. In: Symbolic Interaction 12. 1989. 93-96.
Fine, Gary A.; Kleinmann, Sherryl (1986): Interpreting the Sociolgical Classics: Can there be a „True" Meaning of Mead?. In: Symbolic Interaction 9. 1986. 129-146.
Fisch, Max H. (1986) [1977]: American Pragmatism Before and After 1898. In: Ketner; Kloesel (Hrsg).
Frank, Arthur W. (1989): Symbolic Interaction of Interaction Ritual?. In: Symbolic Interaction 12. 1989. 71-75.
Freyer, Hans. (1928): Theorie des objektiven Geistes. Leipzig, Berlin: B.G. Teubner.
Fujimoto, Naomi (2001): What Was That Secret? Framing Forced Disclosures from Teen Mothers. In: Symbolic Interaction 24. 2001. 1–24.
Garfinkel, Harold (1956): Conditions of Successful Degradation Ceremonies. In: American Journal of Sociology 61. 1956. 420-424.
Garretson, Wynona A. (1962): The Consensual Defnition of Social Objects. In: Sociological Quaterly 3. 1962. 107-113.
Geiger, Theodor (1960): Die Gesellschaft zwischen Pathos und Nüchternehit (Acta Jutlandica XXXII-1, Humanistisk Serie 45). Kopenhagen: Univ. Verlag Ejnar Munksgaard.
Gergen, Kenneth J. (1985): The social construction of the person. New York u.a.: Springer.
Gergen, Kenneth J. (1991): The saturated self. Dilemmas of identity in contemporary life. New York, NY: Basic Books.
Gergen, Kenneth J. (1994): Realities and relationships. Cambridge, Mass. u.a.: Harvard Univ. Press.
Glaser, Barney; Strauss, Anselm L. (1964): Awareness Contexts and Social Interaction. In: American Sociological Review 29. 1964. 669-679.
Glaser, Barney; Strauss, Anselm L. (1965): Awareness of Dying. Chicago: Aldine Publishing Company.
Goffman, Erving (1953): Communication Conduct in an Island Community. Chicago: University of Chicago, Dissertation.
Goffman, Erving (1956): Embarrassment and Social Organization. In: American Journal of Sociolgy 62. 1956. 264-271.

Goffman, Erving (1959): The Presentation of Self in Everyday Life. Garden City: Doubleday & Company.
Goffman, Erving (1961a): Asylums: Essays on the Social Situation of Mental Patients and Other Inmates. Indianapolis: Bobbs-Merrill.
Goffman, Erving (1961b): Encounters. Indianapolis: Bobbs-Merrill.
Goffman, Erving (1963): Behavior in Public Places. Notes on the Social Organization of Gatherings. New York: Free Press.
Goffman, Erving (1967): Interaction Ritual. Chicago: Aldine.
Goffman, Erving (1968): Stigma. Notes on the Management of Spoiled Identity. Haramondsworth: Penguin.
Goffman, Erving (1969): Strategic Interaction. Philadelphia: University of Pennsylvania Press.
Goffman, Erving (1971): Relations in Public. Microstudies of the Public Order. London: Allen Lane.
Goffman, Erving (1974): Frame Analysis. An Essay on the Organization of Experience. Cambridge/Massachusetts: Harvard University Press.
Goffman, Erving (1979): Gender Advertisement. London: Macmillan.
Goffman, Erving (1981): Forms of Talk. Philadelphia: University of Pennsylvania Press.
Goffman, Erving (1983): The Interaction Order. In: American Sociological Review 48. 1983. 1-17.
Goffman, Erving; Verhoeven, Jef (1993): An Interview with Erving Goffman. In: Research on Language and Social Interaction, 26. 1993. 317-348.
Gugolz, Alfred B. (1984): Charisma und Rationalität in der Gesellschaft. Berlin: Duncker & Humblot.
Haferkamp, Hans (1987): Interaction Theory in the Federal Republic of Germany: Development, Current Position, Themes, and Problems. In: Symbolic Interaction 10. 1987. 143-165.
Halas, Elzbieta (1991): The Humanistic Approach of Florian Znaniecki. In: Helle (1991): 213-228.
Hall, Peter M. (1972): A Symbolic Interactionist Analysis of Politics. In: Sociological Inquiry 42. 1972. 35ff.
Hammersley, Martyn (1991): The Problem of the Concept: Herbert Blumer on the Relationship between Concepts and Data. In: Helle (1991): 195- 212.
Helle, Horst J. (Hrsg.) (1978): Soziologenkorrespondenz: zur Theorie der symbolischen Interaktion. München: Sozialforschungsinstitut e.V.
Helle, Horst J. (1980): Soziologie und Symbol. Verstehende Theorie der Werte in Kultur und Gesellschaft, 2. überarb. Und erweiterte Auflage. Berlin: Duncker & Humblot.
Helle, Horst J. (Hrsg.) (1982): Kultur und Institution: Aufsätze und Vorträge aus der Sektion für Soziologie. Berlin: Duncker & Humblot.
Helle, Horst J.; Eisenstadt, Shmuel N. (Hrsg.) (1985): Micro-Sociological Theory. Perspectives on Sociolgical Theory 2. London: SAGE Publications.
Helle, Horst J. (1986): Dilthey, Simmel und Verstehen. Vorlesung zur Geschichte der Soziologie. Frankfurt/Main: Peter Lang.
Helle, Horst J. (1991a): Epistemological Affinities between Verstehen and Pragmatism. In: Helle (1991b): 1-16.

Helle, Horst J. (Hrsg.) (1991b): Verstehen and Pragmatism. Frankfurt/Main: Peter Lang.

Helle, Horst J. (2001): Georg Simmel: Einführung in seine Theorie und Methode. Oldenbourg.

Hettlage, Robert (1991): Peter L. Berger and the „Verstehen" of the Intermediate Universe of Meaning. In: Helle (1991b): 145-165.

Hettlage, Robert; Lenz, K. (Hrsg.) (1991): Erving Goffman – ein soziolgischer Klassiker der zweiten Tradition. Bern: Haupt (UTB).

Hinkle, Roscoe C. (1963): Charles Horton Cooley's General Sociological Orientation. In: Sociolgical Quartely 8. 1963. 8-20.

Huber, Joan (1973): Symbolic Interaction as a Pragmatic Perspective. The Bias of Emergent Theory. In: American Sociological Review 38. 1973. 274-284.

Hyman, Herbert H. (1942): The Psychology of Status. In: Archives of Psychology 38. 1942.

Javorski, G.D. (2000): Erving Goffman: The Reluctant Apprentice, In: Symbolic Interaction, 23: 299-308.

James, William (1902): Varieties of Religious Experience. New York: Longmans, Green & Company.

James, William (1910): Principles of Psychology. (2 Bände) New York, London: Macmillan.

James, William (1923) [1897]: The Will to Believe. And Other essays in Popular Philosophy. New York: Longmans, Green & Company.

Jandy, Edward C. (1942): Charles Horton Cooley: His Life and His Social Theory. New York: Octagon-Books.

Janowitz, Morris (1966): Introduction. pp. VII-LVII. In: W.I. Thomas, On Social Organization and Social Personality. Chicago, London: The University of Chicago Press.

Jerusalem, W. (1913): Zur Weiterleitung des Pragmatismus. In: Deutsche Literatur 34 (51/52). 1913. Spalte: 3205-3226.

Joas, Hans (1985a): Einleitung: Neuere Beiträge zum Werk George Herbert Meads. In: Joas (1985): 7-25.

Joas, Hans (1985b): Role Theories and Socialization Reseach. In: H.J. Helle; S.N. Eisenstadt (1985b): 37-53.

Joas, Hans (Hrsg.) (1985c): Das Problem der Intersubjektivität: Neuere Beiträge zum Werk George Herbert Meads. Frankfurt/Main: Suhrkamp.

Joas, Hans (1988): Symbolischer Interaktionsimus. Von der Philosophie des Pragmatismus zu einer soziologischen Forschungstradition. In: Kölner Zeitschrift für Soziologie und Sozialpsychologie 40. 1988. 417-446.

Joas, Hans (1989): Praktische Intersubjektivität. Die Entwicklung des Werkes von G.H. Mead. Frankfurt/Main: Suhrkamp.

Johnson, G. David; Picou, J. Steven (1991): The Foundations of Symbolic Interachtionism Reconsidered. In: Helle (1991b): 167-181.

Kant, Immanuel (1965) [1783]: Prolegomena zu einer jeden künftigen Metaphysik die als Wissenschaft wird auftreten können, hrsg. Von K. Vorländer. Hamburg: Meiner. 1-141.

Kanter, Rosabeth M. (1972): Symbolic Interactionism and Politics in Systematic Perspective. In: Sociological Inquiry 42. 1972. 77-92.

Ketner, Kenneth L.; Kloesel, Christian J. W. (Hrsg.) (1986): Peirce, Semeiotic, and Pragmatism. Essays by M.H. Fisch. Bloomington: Indiana University Press.

Klapp, Orrin E. (1949): The Fool as a Social Type. In: American Journal of Sociology 55. 1949. 157-162.

Klapp, Orrin E. (1962): Heroes, Villains and Fools. Englewood Cliffs/New Jersey: Prentice-Hall.

Kolb, Wiliam L. (1944): Critical Evaluation of Mead's „I" and „Me" Concepts. In: Social Forces 22. 1944. 291-296.

Kuhn, Manford H. (1960): Self-Attitudes by Age, Sex and Professional Training. In: Social Quartely 1. 1960. 39-55.

Laing, Ronald D. (1975): Phänomenologie der Erfahrung (englisches Original: The Politics of Experience). Frankfurt/Main: Suhrkamp.

Lau, Ephrem E. (1978): Interaktion und Institution. Zur Theorie der Institution und der Institutionalisierung aus der Perspektive einer verstehend-interaktionistischen Soziologie. Berlin: Duncker & Humblot.

Lemert, Edwin (1951): Social Psychology. New York: McGraw Hill.

Lewis, J. David (1972): Peirce, Mead and the Objectivity of Meaning. In: Kansas Journal of Sociology 8. 1972. 111-122.

Lewis, J David (1976): The Classic American Pragmatists as Forerunners to Symbolic Interactionism. In: Sociological Quarterly 17. 1976. 347-359.

Lichtman, Richard T. (1970): Symbolic Interactionism and Social Reality: Some Marxist Queries. In: Berkeley Journal Sociology 15. 1970. 75-94.

Lincourt, John M.; Hare, Peter H. (1973): Neglected American Philosophers in the History of Symbolic Interactionism. In: Journal of the History of the Bahvioral Scinece 9. 1973. 333-338.

Lindesmith, Alfred R.; Strauss, Anselm L. (1968): Social Psychology. New York: Holt, Rinehart & Winston.

Lofland, John (1970): Interactionist Imagery and Analytic Interruptus. In: Shibutani (1970): 33-45.

Lundberg, George A. (1964): Foundations of Sociolgy. New York: David McKay.

MacKinnon, Neil J. (1994): Symbolic interactionism as affect control. Albany: State Univ. of New York Press.

Manis, Jerome G.; Meltzer, Bernard N. (1972) [1967]: Symbolic Interaction: A Reader in Social Psychology, 2nd ed. Boston: Allyn & Bacon.

Manning, Philip (2000): Credibility, Agency, and the Interaction Order. In: Symbolic Interaction 23. 2000. 283-297.

McKee, John P.; Sherriffs, Alex C. (1959): Men's and Women's Beliefs, Ideals and Self-Concepts. In: American Journal of Sociolgy 64. 1959. 356-363.

McPartland, Thomas; Cumming, John H.; Garretson, Wynona S. (1961): Self Conception and Ward Behavior in Two Psychiatric Hospitals. In: Sociometry 24. 1961. 111-124.

McPhail, Clark; Rexroat, Cynthia (1980): Ex Cathedra Blumer or Ex Libris Mead. In: American Sociological Review 45. 1980. 420-430.

Mead, George H. (1901): Book Review. Philosophie des Geldes by Georg Simmel. In: Journal of Political Economy 9 (Sept.). 1901. 616-619.

Mead, George H. (1922): A Behavioristic Account of the Significant Symbol. In: Journal of Philosophy 19. 1922. 157-163.

Mead, George H. (1927): The Objective Reality of Perspectives. In: Proceeding of the Sixth International Congress of Philosophy (editetd by E.S. Brightman). New York. 75-85. (deutsche Übersetzung abgedruckt bei Bühl: Verstehende Soziologie. Grundzüge und Entwicklungstendenzen. München: Nymphenburger Verlagshandlung. 1972. 100-113).

Mead, George H. (1935): The Philosophy of John Dewey. In: The International Journal of Ethics 46. 1935. 64-81.

Mead, George H. (1928): Lectures in Social Psychology (edited by H.L. Orbach), Lecture No. 33 (out of a total of 42), Thursday, Mach 1, 1928, Manuskript.

Mead, George H. (1952) [1934]: Mind, Self and Society. From the Standpoint of a Social Behaviorist (edited by Ch.W. Morris.). Chicago: The University of Chicago Press.

Mead, George H. (1964a) [1929-1930]: Cooley's Contribution to American Social Thought. In: Ders. (1964): 293-307.

Mead, George H. (1964b): On Social Psychology. Chicago, London: Univ. of Chicago Press.

Mead, George H. (1972a) [1936]: Movments of Thought in the Ninteenth Century (edited by M.H. Moore). Chicago: The Univeristy of Chicago Press.

Mead, George H. (1972b) [1938]: The Philosophy of the Act (edited by Ch. W. Morris). Chicago: The Univeristy of Chicago Press.

Mead, George H. (1987): Gesammelte Aufsätze. Band 1 und 2 (hrsg. v. H. Joas). Frankfurt/Main: Suhrkamp.

Meltzer, Bernard N.; Petras, John W. (1970): The Chicago and Iowa Schools of Symbolic Interactionism. In: Shibutani (1970): 3-17.

Meltzer, Bernard N.; Petras, John W.; Reynolds, L.T. (1975): Symbolic Interactionism: Genesis, Varieties and Criticism. London: Routledge & Kegan.

Miller, Dan E. (1997): Constructing complexity – symbolic interaction and social forms. Greenwich, Conn. u.a.: Jai Press.

Miyamotto, S. Frank; Dornbusch, Sanford .M. (1956): A Test of Interactionist Hyphotheses of Self-Conception. In: American Journal of Sociology 61. 1956. 399-403.

Molnár, Geza von (1988): „Die Wette biet' ich". Der Begriff des Wettens in Goethes ‚Faust' und Kants ‚Kritik der Urteilskraft': In: Müller et. al. (1988): 29-50.

Müller, Klaus-Detlef et.al. (Hrsg.) (1988): Geschichtlichkeit und Aktualität. Studien zur deutschen Literatur seit der Romantik. Festschrift für Hans-Joachim Mähl zum 65. Geburtstag. Tübingen: Max Niemeyer Verlag.

Munch, Peter A. (1957): Empirical Science and Max Weber's 'Verstehende Soziologie'. In: American Sociological Review 22. 1957. 26-32.

Natanson, Maurice (1956): The Social Dynamics of George Herbert Mead. Washington D.C.: Public Affairs Press.

Nieder, Ludwig (1991): George Herbert Meads Analyse zozialer Prozesse. Makrosozologische Aspekte seiner Theorie der Insitutionalisierung und der Institutionen. Universität München: Dissertation.

Nieder, Ludwig (1994): Die Dynamik sozialer Prozesse. George Herbert Meads ‚makrosoziologische' Perspektive als Analyse von Institutionen. Frankfurt/Main: Peter Lang.

Orbach, Harold L. (1989): Comment on Review of Arnold Geheln „Man: His Nature and Place in the World". In: Contemporary Sociolgy 18. 1989. 861-862.
Park, Robert E. (1939): An Outline of the Principles of Sociology. New York.
Popper, Karl R. (1957) [1945]: Die offene Gesellschaft und ihre Feine (Band 1). Der Zauber Platons. Bern: Francke Verlag.
Prus, Robert C. (1996): Symbolic interactionism and ethnographic research. Intersubjectivity and the study of human lived experience. Albany, NY: State Univ. of New York Press.
Prus, Robert C. (1997): Subcultural mosaics and intersubjective realities. An ethnographic research agenda for pragmatizing the social sciences. Albany, NY: State Univ. of New York Press.
Reynolds, Lerry T. (1990): Interactionism: Exposition and Critique (2nd edition). New York: General hall.
Rhea, Buford (Hrsg.) (1981): The Future of the Sociolgical Classics. London: George Allen & Unwin.
Rickert, Heinrich (1927) [1899]: Kulturwissenschaft und Naturwissenschaft. Tübingen: J.C:B. Mohr: (Paul Siebeck).
Riezler, Kurt (1950): Man, Mutable and Immutable. Chicago: Henry Regnery.
Rose, Arnold M. (Hrsg.) (1962): Human Behavior and Social Process. An Interactionist Approach. Boston: Houghton Mifflin Company.
Rosenberg, P. (1976): Fabricating our Identity. In: Dialogue 9. 1976. 112-117.
Rucker, Egbert D. (1969): The Chicago Pragmatists. Minneapolis: University of Minnesota Press.
Schäffle, Albert E.F. (1875-1878): Bau und Leben des socialen Körpers (4 Bände). Tübingen: Verlag Laupp.
Schatzman, Leonard; Strauss, Anselm L.: Social Class and Modes of Communication. In: American Journal of Sociology 60. 1955. 329-338.
Schmidt, Emerson P. (Hrsg.) (1937): Man and Society. New York: Prentice-Hall.
Schnabel, Peter-Ernst (1976): Georg Simmel. In: Käsler (1976): 267-311.
Schütz, Alfred (1945): On Multiple Realitits. In: Philosophy and Phenomenological Research 5. 1945. 533-576.
Schwartz, Harry W. (1924): Use of the Significant Symbol in Communication (M.A. Dissertation. Chicago (Manuskript): The University of Chicago.
Shalin, Dimitri N. (1989): Mead, Behaviorism and Indeterminacy. In: Symbolic Interaction 12. 1989. 37-41.
Shibutani, Tamotsu (1955): Reference Groups as Perspectives. In: American Journal of Sociology 60. 1955. 562-569.
Shibutani, Tamotsu (1961): Society and Personality. An Interactionist Approach to Social Psychology. Enlgewood Cliffs/New Jersey: Prentice-Hall.
Shibutani, Tamotsu (1962): Reference Groups and Social Control. In: Rose (1962): 128-147.
Shibutani, Tamotsu (1966): Improvised News. A Sociological Study of Rumor. Indianapolis/New York: Bobbs-Merrill.
Shibutani, Tamotsu (1968): George Herbert Mead. In: International Encyclopedia of Social Scienes 10. New York: Crowell, Collier and Macmillan. 83-87.
Shibutani, Tamotsu (Hrsg.) (1970): Human Nature and Collective Behavior: Papers in Honor of Herbert Blumer. Enlgewood Cliffs/New Jersey: Prentice-Hall.

Shibutani, Tamotsu (1991): Human Agency from the Standpoint of Pragmatism. In: Helle (1991b): 183-194.
Simmel, Georg (1890): Über sociale Differenzierung. Sociologische und psychologische Untersuchungen. Leipzig: Duncker & Humblot.
Simmel, Georg (1904): Kant. Sechzehn Vorlesungen, gehalten an der Berliner Universität. Leipzig: Duncker & Humblot.
Simmel, Georg (1905): Probleme der Geschichtsphilosophie. Leipzig: Duncker & Humblot.
Simmel, Georg (1907) [1900]: Philosophie des Geldes. 2. Aufl. Leipzig: Duncker & Humblot.
Simmel, Georg (1911): Hauptprobleme der Philosophie. Leipzig: G.J. Göschen'sche Verlagsbuchhandlung.
Simmel, Georg (1918): Der Konflikt der modernen Kultur. Ein Vortrag. Leipzig: Dunker & Humblot.
Simmel, Georg (1972) [1918]: Vom Wesen des historischen Verstehens. In: Bühl (1972.): 77-99.
Simmel, Georg (1989): Gesammelte Schriften zur Religionssoziologie (hrsg. von H.J. Helle). Berlin: Duncker & Humblot.
Small, Albion W. (1916): Fifty Years of Sociology in the United States. In: American Journal of Sociology 21. 1916. 721-864.
Smelser, Neil J. (1976): Comparative Methods in the Social Sciences. Englewood Cliffs/New Jersey: Prentice-Hall.
Snell, Bruno (1955): Nachwort zu: Platon. Mit den Augen des Geistes. Frankfurt/Main: S. Fischer Verlag.
Stone, Gregory P. (1962): Appearance and the Self. In: Rose (1962): 86-118.
Stone, Gregory P. (1981): Social Psychology through Symbolic Interaction. New York: Wiley.
Stone, Gregory P.; Farberman, Harvey A. (1967): Further Comment on the Blumer-Bales Dialogue concerning the Implications of the Thought of Geroge Herbert Mead. In: American Journal of Sociology 72. 1967. 409-410.
Stone, Gregory P.; Farberman, Harvey A. (Hrsg.) (1970): Social Psychology Through Symbolic Interaction. Waltham/Massachusetts: Xerox College Publications.
Strauss, Anselm L. (1959): Mirrors and Masks. The Search for identity. Glencoe/Illinois: The Free Press of Glencoe.
Strauss, Anselm L. (1964): Introduction. In: Mead (1964): VII-XXV.
Strauss, Anselm L. (1970): Discovering New Theory from Previous Theory. In: Shibutani (1970): 46-53.
Strauss, Anselm L. (1991): Creating Sociological Awareness. Collective Images and Symbolic Representations. With a foreword by Irving Louis Horowitz. New Brunswick/U.S.A., London: Transaction Publishers.
Strauss, Anselm L (1996): The Chicago Tradition: Generalization and Variation; In: Kwan, Kian M.: Individuality and Social Control: Essays in Honor of Tamotsu Shibutani. 365-374.
Stryker, Sheldon (1956): Relationships of Married Offspring and Parent: A Test of Mead's Theory. In: American Journal of Sociology 62. 1956. 308-319.

Stryker, Sheldon (1957): Role-Taking Accuracy and Adjustment. In: Sociometry 20. 1957. 286-296.
Stryker, Sheldon (1962): Conditions of Accurate Role Taking: A Test of Mead's Theory. In: Rose (1962): 51-62.
Swanson, Guy E. (1961): Mead and Freud: Their Relevance for Social Psychology. In: Sociometry 24. 1961. 319-339.
Tenbruck, Friedrich H. (1985): George Herbert Mead und die Ursprünge der Soziologie in Deutschland und Amerika: Ein Kapitel über die Gültigkeit und Vergleichbarkeit soziologischer Theorien. In: Joas (1985): 179-243.
Thomas, William I. (1966): On Social Organization and Social Personality (edited and introduced by M. Janowitz). Chicago, London: The University of Chgicago Press.
Thomas, William I. (1967) [1923]: The Unadjusted Girl. With Cases and Standpoint for Behavior Analysis. New York, Evanston and London: Harper & Row.
Thomas, William I. (1972): The Definition of the Situation. In: Manis; Meltzer (1972): 331-336.
Thomas, William I.; Znaniecki, Florian (1958) [1918]: The Polish Peasant in Europe and America. New York: Dover Publications.
Thomas, William I.; Znaniecki, Florian (1966): Excerpts form „The Polish Peasant in Europe and America". In: Ders. (1966): 3-114; 215-230; 257-288.
Troyer, William L. (1946): Mead's Social and Functional Theory of Mind. In: American Sociological Review 11. 1946. 198-202.
Truzzi, Marcello (1974): Verstehen: Subjective Understanding in the Social Sciences. Reading/Massachusetts, Menlo Park/California: Don Mills.
Turner, Ralph H. (1959): Role-Taking, Role Standpoint and Reference-Group Behavior. In: American Journal of Sociology 61. 1956. 316-328.
Turner, Ralph H. (1962): Role-Taking: Process Versus Conformity. In: Rose (1962): 20-40.
Verhoeven, Jef C. (1985): Goffman's Frame Analysis and Modern Microsociological Pradigms. In: Helle; Eisenstadt (1985): 71-100.
Verhoeven, Jef C. (1991): Phenomenological „Verstehen" and Interactionist „Understanding": Similarities and Differences. In: Helle (1991b): 107-124.
Videbeck, Richard (1960): Self-Conception and the Reactions of Others. In: Sociometry 23. 1960. 351-359.
Videbeck, Richard; Bates, Alan P. (1959): An Experimental Study of Conformity to Role Expectations. In: Sociometry 22. 1959. 1-11.
Wanderer, Jules J. (1987): Simmel's Forms of Experiencing: The Adventure as Symbolic Work. In: Symbolic Interaction 10. 1987. 21-28.
Ward, Laster F. (1968) [1883]: Dynamic Sociology. New York: D. Appleton & Company.
Warriner, Charles K. (1969): Social Action, Behavior and Verstehen. In: Sociological Quartely 10. 1969. 501-511.
Watson, John B. (1919): Psychology. From the Standpoint of the Behaviorist. Philadelphia, London: Lippincott.
Wax, Murray L. (1967): On Misunderstanding Verstehen: A Reply to Abel. In: Sociology and Social Research 51. 1967. 323-333.

Weber, Max (1956): Wirtschaft und Gesellschaft (2 Bände). Hrsg.: J. Winkelmann. Tübingen: J.C.B. Mohr (Paul Siebeck) (Studienausgabe).

Weber, Max (1968a) [1904]: Die „Objektivität" sozialwissenschaftlicher und sozialpolitischer Erkenntnis. In: Ders. (1968e): 146-214.

Weber, Max (1968b) [1913]: Über einige Kategorien der Verstehenden Soziologie. In: Ders. (1968e): 427-474.

Weber, Max (1968c) [1922]: Die drei reinen Typen der legitimen Herrschaft. In: Ders. (1968e): 475-488.

Weber, Max (1968d) [1903-1906]: Roscher und Knies und die logischen Probleme der historischen Nationalökonomie. Gesammelte Aufsätze zur Wissenschaftslehre. Tübingen: J.C.B. Mohr (Paul Siebeck). 1-145.

Weber, Max (1968e): Gesammelte Aufsätze zur Wissenschaftslehre. 3. Aufl. Hrsg. v. J. Winckelmann. Tübingen. J.C.B. Mohr (Paul Siebeck).

Weber, Max (1968f): Methodologische Schriften. (Studienausgabe mit einer Einführung von J. Winckelmann). Frankfurt/Main: S. Fischer Verlag.

Wehrspaun, Michael (1978): Erving Goffman als Repräsentant der Theorie der Symbolischen Interaktion. In: Helle (1978): 89-127.

Wiesberger, Franz (1990): Bausteine zu einer soziologischen Theorie der Konversion. Soziokulturelle, interaktive und biographische Determinanten religiöser Konversionsprozesse. Berlin: Duncker & Humblot.

Zijderveld, Anton C. (1975): De theorie van het symbolisch interactionisme. Meppel/Niederlande: Verlag Boom.

AUS DEM PROGRAMM

Soziologie

Hans Benninghaus
Statistik für Soziologen 1: Deskriptive Statistik
8., neubearb. Aufl. 1998. 283 S. mit 23 Abb. und 82 Tab.
Br. DM 29,80 / € 14,90
ISBN 3-519-20134-8

Aus dem Inhalt: Einführung - Drei wichtige Tätigkeiten des empirischen Sozialforschers - Die Datenmatrix - Sozialwissenschaftlich relevante Variablen und ihre Messung - Univariate Verteilungen - Bivariate Verteilungen - Die Beschreibung der Beziehung zwischen nominalen Variablen - Die Beschreibung der Beziehung zwischen ordinalen Variablen - Die Beschreibung der Beziehung zwischen metrischen Variablen - Die Beschreibung der Beziehung zwischen einer nominalen und einer metrischen Variablen - Multivariate Verteilungen - Anhang.

Heinz Sahner
Statistik für Soziologen 2: Schließende Statistik
4. Aufl. 1997. 188 S. mit 27 Abb. und 26 Tab. Br. DM 22,80 / € 11,40
ISBN 3-519-30023-0

Aus dem Inhalt: Grundbegriffe - Die Normalverteilung - Schließverfahren für quantitative Variablen - Schließverfahren für Prozentwerte; der Schluss vom Sampleprozentsatz auf den Gesamtgruppenprozentsatz - Prüfung der Unterschiede zwischen Stichproben - Einseitige Tests - Die Chi-Quadrate-Verteilung - F-Test und Varianzanalyse - Schlussbemerkungen.

Rolf Porst
Praxis der Umfrageforschung
Erhebung und Auswertung sozialwissenschaftlicher Umfragedaten
2., überarb. Aufl. 2000. 211 S. (Teubner Studienskripten
Soziologie Bd. 126, hrsg. von Heinz Sahner) Br. DM 38,00 / € 19,00
ISBN 3-519-10126-2

Das Buch soll ein praxisnaher Leitfaden für die Erhebung und Auswertung sozialwissenschaftlicher Umfragedaten sein. Am Beispiel des ALLBUS, eines etablierten und weit verbreiteten Forschungsprogramms der empirischen Sozialforschung sowie seiner der wissenschaftlichen Öffentlichkeit zugänglichen Daten und Forschungsergebnisse werden Möglichkeiten und Probleme der empirischen Umfrageforschung vorgestellt und diskutiert.

www.westdeutschervlg.de
Erhältlich im Buchhandel oder beim Verlag.
Änderungen vorbehalten. Stand: Juli 2001.
Die genannten Euro-Preise gelten ab 1.1.2002.

Abraham-Lincoln-Str. 46
65189 Wiesbaden
Tel. 06 11. 78 78 - 285
Fax. 06 11. 78 78 - 400

Westdeutscher Verlag

Stephen Kalberg
Einführung in die historisch-vergleichende Soziologie Max Webers
2001. 307 S. Br. DM 38,00 / € 19,00
ISBN 3-531-13308-X

Durch eine vergleichende Lektüre von Max Webers soziologischen Schriften eröffnet Stephen Kalberg einen neuen Blickwinkel auf dessen Werk. Er stellt den aktuellen Nutzen für die historisch-vergleichende Soziologie heraus, deren gegenwärtige Ansätze einige Gesichtspunkte der Arbeiten von Max Weber vernachlässigen, und weist auf die tief greifenden kritischen Beiträge der Untersuchungen von Max Weber hin.

Klaus Feldmann
Soziologie kompakt
Eine Einführung
2000. 370 S. mit 59 Abb. Br. DM 36,00 / € 18,00
ISBN 3-531-22188-4

Dieses Buch wendet sich an Studienanfänger und Studierende mit dem Nebenfach Soziologie. Es bietet eine umfassende und leicht verständliche Einführung in die Grundlagentheorien und zentralen Bereiche der Soziologie. Die ausgewählten Daten, Beispiele und empirischen Untersuchungen beziehen sich primär auf den deutschen Sprachraum. Zusätzlich wurden Vergleiche mit anderen europäischen Staaten, den USA und auch außereuropäischen Ländern einbezogen.

Theodor M. Bardmann, Alexander Lamprecht
Systemtheorie verstehen
Eine multimediale Einführung in systemisches Denken
1999. CD, unverb. Ladenpr. DM 128,00 / € 64,00
ISBN 3-531-13461-2

„*Systemtheorie verliert ihren Schrecken. Die Form der CD-ROM ist prädestiniert für die Darstellung der Systemtheorie. (...) Diese Einführung ist die bislang beste in eine außerordentlich praktische Theorie.*"
Frankfurter Rundschau, 19. Februar 2000

„*Der Download von Luhmanns Zettelkasten ist geglückt.*"
Tages-Anzeiger, Zürich 24. Mai 2000

www.westdeutschervlg.de
Erhältlich im Buchhandel oder beim Verlag.
Änderungen vorbehalten. Stand: Juli 2001.
Die genannten Euro-Preise gelten ab 1.1.2002.

Abraham-Lincoln-Str.46
65189 Wiesbaden
Tel. 06 11. 78 78 - 285
Fax. 06 11. 78 78 - 400

EINFÜHRUNGEN IN DIE Soziologie

MIX
Papier aus verantwortungsvollen Quellen
Paper from responsible sources
FSC® C105338

If you have any concerns about our products,
you can contact us on
ProductSafety@springernature.com

In case Publisher is established outside the EU,
the EU authorized representative is:
**Springer Nature Customer Service Center GmbH
Europaplatz 3, 69115 Heidelberg, Germany**

Printed by Libri Plureos GmbH
in Hamburg, Germany